Andreas Friedrich

Chef, so bitte nicht mit mir!

AF148829

Andreas Friedrich

Chef, so bitte nicht mit mir!

Von der inneren Kündigung
zum Neubeginn

Mit praxiserprobten Empfehlungen
für den Arbeitsalltag

GABLER

Bibliografische Information der Deutschen Nationalbibliothek
Die Deutsche Nationalbibliothek verzeichnet diese Publikation in der
Deutschen Nationalbibliografie; detaillierte bibliografische Daten sind im Internet über
<http://dnb.d-nb.de> abrufbar.

1. Auflage 2010

Alle Rechte vorbehalten
© Gabler Verlag | Springer Fachmedien Wiesbaden GmbH 2010

Lektorat: Ulrike M. Vetter

Gabler Verlag ist eine Marke von Springer Fachmedien.
Springer Fachmedien ist Teil der Fachverlagsgruppe Springer Science+Business Media.
www.gabler.de

Umschlaggestaltung: KünkelLopka Medienentwicklung, Heidelberg

Gedruckt auf säurefreiem und chlorfrei gebleichtem Papier

ISBN 978-3-8349-2107-9

Vorwort

In den vergangenen Jahrzehnten haben sich die gesetzlichen und tariflichen Rahmenbedingungen der Arbeitsverhältnisse kontinuierlich verbessert. Aber ist deshalb auch alles gut?

Während dieses Buch entstand, gab es über mehrere Monate hinweg immer wieder schockierende Berichte über die Selbsttötung von Angestellten eines großen europäischen Telekommunikationsunternehmens. Als Grund nannte man umfassende interne Umstrukturierungen, durch die diese Menschen zu ihrer Verzweiflungstat getrieben wurden. Das, was in ihrer Seele über Monate und Jahre passiert sein muss, das geschieht heute täglich in kleiner und größerer Dosis an vielen Stellen in Unternehmen. Hinter der zumeist äußerlich so glatten Fassade brodelt es gewaltig. Das Erschreckende ist: Die gesicherten materiellen Bedingungen, die viele Führungskräfte noch genießen könnten, führen nicht zwangsläufig zu höherer Zufriedenheit.

In den zurückliegenden Berufsjahren habe ich die auslösenden Faktoren der inneren Kündigung nicht nur bei anderen beobachtet, ich merkte auch bei mir selbst, wie sich die persönliche Einstellung zu der beruflichen Aufgabe schleichend, fast unmerklich, ändern kann. Da ist man zunehmend von den fremdbestimmten Bedingungen genervt, wird durch ständigen Abfragedruck weichgeklopft, nimmt berufliche Themen, die nicht funktionieren, auf die eigenen Schultern und sieht darin sogar sein ganz persönliches Versagen. Studien zufolge wird dadurch die eigentliche Leistungsfähigkeit von mehr als einem Fünftel der Belegschaften sinnlos vergeudet.

Dass dieses Problem besteht, ist nicht neu. Von denjenigen, die es betrifft, wird es jedoch oft verdrängt oder abgestritten. Auch für mich persönlich war es nicht leicht, mir diese nagende Unzufriedenheit einzugestehen, sie zu benennen und nicht weiter in den vorgegebenen Bahnen nur noch widerwillig zu funktionieren. Die Konsequenz war einfach und klar: Wenn du nichts ändern kannst, dann musst du hier raus. Doch dann beginnt die eigentliche Herausforderung. Der mögliche Verlust der sicheren materiellen Grundlage lässt die gerade noch so geschmähten ‚unmenschlichen' Arbeitsbedingungen auf einmal rosarot erscheinen. Geht es also doch nur um ein Luxusproblem?

Viele meiner ehemaligen Kolleginnen und Kollegen, egal ob einfacher oder leitender Angestellter, haben sich mit ihrer Arbeitssituation irgendwie arrangiert. Die Möglichkeiten zu verdrängen, steigen mit der Höhe des eigenen Jahresgehalts und nehmen teilweise absurde Züge an. Da stehen dann die teuersten, hoch verchromten Motorräder in den Garagen und die Besitzer schwören darauf, mit der zusammengerollten Decke am Lenker und dem verspiegelten Helm auf dem Kopf, die Montur klassisch stilvoll im beliebten Retro-Look, durch die Vorstädte zu cruisen. Richtige Männer eben, die das schwer erarbeitete Vergnügen maximal zweimal im Jahr aus der Garage bewegen.

Verstehen Sie mich nicht falsch, es sei jedem von ganzem Herzen gegönnt. Wenn aber durch rein materielle Statussymbole nur der eigene Kopf betäubt und die drastische Realität im Arbeitsleben und, davon maßgeblich geprägt, auch in der eigenen Beziehung oder der Familie verdrängt wird, dann appelliere ich doch zu mehr Nachdenklichkeit, zu mehr Tiefe und dem Drang nach qualitativer Weiterentwicklung.

Die Notwendigkeit, lebenslang zu lernen, um dabei bleiben zu können, wird überall betont und gerne strapaziert. Und gelernt wird auch laufend – leider nicht immer in dem vermeintlich positiven Sinn. In meinem Heimatmetier, einer zum Erfolg verpflichteten Vertriebsorganisation, schützt man sich am besten und nachhaltigsten, wenn man die guten Aspekte des Menschseins eher verhalten kultiviert. Und dies trifft leider besonders auf Führungskräfte zu. Sie arbeiten unter deutlich erschwerten Bedingungen, müssen irgendwie immer in zwei Richtungen „kämpfen", und allzu oft verursachen sie am stärksten den innerbetrieblichen Stress.

Mein Dank gilt allen Mitstreitern in den zurückliegenden guten und auch angespannten Berufsjahren. Wir haben viel erreicht. Wir haben einiges nicht verstanden und manches zu lange ertragen. Aber dem Ansporn, für unsere Kunden und für unser Unternehmen den bestmöglichen Job zu erledigen, hat das nie geschadet.

Kaufungen, im Februar 2010   Andreas Friedrich

www.aplusfriedrich.de

Inhaltsverzeichnis

Vorwort _____ 7

Was Sie in diesem Buch erwartet _____ 13

TEIL I
COUNTDOWN ZUR VERANTWORTUNG:
ZWEI MONATE IM LEBEN VON F_____ 15

Business-Safari in Hamburg - Ein Meeting Ende April _____ 17

Phrasen, Sprüche, Weisheiten _____ 32

Auf die Plätze - Am Nachmittag _____ 34

Basic _____ 38

20 Tage später - Alles wird gut _____ 40

Standard _____ 46

Ende Mai in Hannover - Ein Gespräch mit dem Doc _____ 49

Advanced _____ 63

Fertig - Über die innere Anspannung einer Organisation ___ 66

Marketing und Motivation _____ 75

Erster Montag im Juni - Verkrampft?_____ 78

Expert_____ 90

Geschäftsdurchsprache - Wie leicht doch alles sein kann ___ 93

Qualität _____ 98

Los! - Ein Mitarbeiterfest und der Morgen danach _____ 99

Teil II
Prarie und Theoxis: Die Mischung macht's ___ 101

Gedankencocktail _____ 103
Da war doch noch was - Kunden _____ 114
Manchmal wie Kabelsalat - Prozesse _____ 132
Wir sind die Firma - Mitarbeiter _____ 143
Erfolg oder Moral? _____ 151
Einstellungsstopp _____ 156

Der Autor _____ 159

Was Sie in diesem Buch erwartet

Im ersten Teil „Countdown zur Verantwortung" begleiten Sie F, einen beliebigen Angestellten, durch seine letzten zwei Monate in einem großen Industrieunternehmen. Die Erzählung folgt dabei dem Startprocedere „Auf die Plätze, fertig, los!" – und beginnt Ende April mit seiner persönlichen Entscheidung, sich beruflich zu verändern. F ahnt nicht, dass er schon am Nachmittag „im Startblock" stehen wird. In den folgenden Tagen und Wochen passiert dann das, was auch bei einem Läufer geschieht. Die Vorbereitung, das Training, also Fs berufliche Entwicklung, die mentale Einstellung, alles wirkt und beeinflusst die Startsituation, und nur zu schnell kann man jetzt verkrampfen. Doch hoch konzentriert und zugleich locker beginnt er Anfang Juni einen neuen Lebensabschnitt.

Diese Erzählung wird immer wieder durch Phrasen, Sprüche und Weisheiten unterbrochen, die Sie sicherlich mit eigenen Beispielen ergänzen können.

Im zweiten Teil, einer Mischung aus Theorie und Praxis, möchte ich konkrete Handlungsmöglichkeiten aufzeigen, wie sich unsere Arbeitsbedingungen positiv beeinflussen lassen. Praxiserprobte Empfehlungen, um die persönliche Achtung zu wahren und im Arbeitsalltag gewappnet zu sein.

Natürlich leben wir alle in Abhängigkeiten und können aus vielerlei Gründen oft nicht so, wie wir gerne möchten. Wie auch immer, der Anstoß zur wirklichen Verbesserung liegt immer in jedem ganz persönlich und wird sich nicht aus Gehalts- oder Tarifverhandlungen ergeben. Wie wir heute in den Unternehmen miteinander umgehen, entscheidet darüber, ob wir unsere Arbeitswelt qualitativ weiter verbessern können. Es würde mich sehr freuen, wenn einige der folgenden Gedanken dazu beitragen.

Teil I
Countdown zur Verantwortung:
Zwei Monate im Leben von F

BUSINESS-SAFARI IN HAMBURG – EIN MEETING ENDE APRIL

„Meine Herren", der Deutschlandchef sprach plötzlich deutlich lauter und seine Stimme schnarrte dabei ein klein wenig, „ich habe Sie schon einmal ermahnt!" Pause. „Ihre Planerfüllung ist nicht akzeptabel. Im Vergleich mit den anderen Regionen liegen Sie an letzter Stelle." Er machte eine längere Pause, streckte das Kreuz durch, um seine Größe, ein Meter neunundfünfzig, voll zur Geltung zu bringen, und fixierte angriffslustig einzelne Teilnehmer: „Ich ermahne Sie erneut!" Pause. „Ändern Sie das, bevor es zu spät ist!" Tiefes Schweigen im Saal.

Es war jedes Mal spannend, wie unterschiedlich sie auf derartige Ansprachen reagierten. Einige duckten erschreckt weg. Das konnte man doch so nicht sagen. War man nicht engagiert bei der Sache und auch immer sehr bemüht? Mit großen Augen schauten sie auf den bedrohlich „aufgepumpten" Ankläger. F nannte sie die Kaninchenfraktion.

Andere nickten bestätigend leicht mit ihren Köpfen. Wie verwerflich von den miesen Kollegen. Wie konnte man den Chef nur derart verärgern? Empörend, diese Schlamperei. Er hatte vollkommen recht. Höchste Zeit, hier und heute mit klaren Worten aufzuräumen. Das war das gerade in unsicheren Zeiten beängstigend schnell wachsende Lager der Mitläufer und Hofschranzen.

Und bei einigen wenigen regte sich, zumindest ganz zart, so etwas wie Widerstand. Fast unmerklich hochgezogene Augenbrauen, verstohlene Blicke zu vermeintlichen Gesinnungsgenossen. Zu mehr reichte es aber dann doch nicht. Bei ihnen, den Pausenrevoluzzern, den verbalen Stuhlbeinsägern, würde sich der geballte Widerstand gleich bei Kaffee, Gebäck und hinter sichernd vorgehaltener Hand in Höchstform entladen. Im Innersten waren aber auch sie immer stromlinienförmig unterwegs, so viel stand fest.

F hatte schon viele Managementmeetings erlebt und wusste, worauf es ankam. Nach der lockeren, sehr herzlichen Begrüßung am Vorabend, mit gemeinsamem Essen und kollegialem Alkoholgenuss in einer anscheinend sehr bekannten historischen Mühle, solltest du am nächsten Tag besser wieder hellwach und topfit sein. Dazu gehörte, dass man sich nicht ganz an das persönliche Limit herantrank, deutlich vor den allerletzten Tresenhockern zu Bett ging und am nächsten Morgen vor dem Frühstück möglichst bereits eine Runde joggte oder sonstwie den Kopf klar bekam. Dann galt es, rechtzeitig vor dem Beginn des Meetings einen strategisch günstigen Platz zu sichern und, für ihn besonders wichtig, in kompletter Arbeitskleidung anzutreten: Anzug, Hemd, Krawatte, geputzte Schuhe ohne abgelatschte Absätze - das war sein Business-Panzer. Der bestmögliche Schutz gegen Ermahnungen oder noch schärfere Anklagen. Und schon blieben auch heute die Verkaufszahlen nur das, was sie waren: schlichte Zahlen. Ein vielleicht etwas emotional vorgetragenes Statement der Leitung zur realen Geschäftssituation. Kein gezielter, persönlicher Angriff auf F. Warum also sich wegducken oder mit dem Kopf nicken oder eine sinnlose Gegenargumentation äußern? Das waren nur nüchterne Zahlen, die etwas aussagten. Was, das hing von der jeweiligen Blickrichtung, Interpretationsstärke und nicht zuletzt der Führungsstufe ab. So souverän fühlte er sich aber nicht im Lieblingspullover und in der abgewetzten Jeans aus besseren oder schlankeren Tagen. Das war für ihn die Tagungskleidung der Gutgläubigen, die der Einladung mit dem Hinweis „leger" uneingeschränkt Glauben schenkten und dabei auch noch erwarteten, es ginge irgendwie nett zu. Wie angreifbar sie sich damit machten, sollte ihnen doch spätestens dann auffallen, wenn ihre Vorgesetzten wieder und wieder in voller Montur antraten.

Ganz zu Beginn seiner Vertriebsausbildung hatte er einmal in abschreckender Weise erlebt, wie simpel das Weltbild mancher Vorgesetzter sein konnte. Im Rahmen eines zweitägigen Workshops zur Teamentwicklung sollte ein gestandener Vertriebschef aus dem wahren Leben berichten. „Rede und Antworten eines Profis", stand im Programm. Die Kleiderordnung für diese zwei Tage mit teamstärkenden Klettereinlagen war eindeutig: kein Business Dress. Und dieser arrogante, widerliche Typ, der sich dann fast eine Stunde selbstgefällig präsentierte, brachte es fertig, ausschließlich mit den beiden Kollegen zu sprechen, die rein zufällig noch ein Jackett anhatten. Alle anderen, in Jeans, T-Shirt oder kurzärmeligen Hemden, nahm er überhaupt nicht wahr. Sie waren Luft für ihn, ihre Fragen wurden einfach nicht beantwortet oder überheblich weggelächelt. Eine Ausnahme gab es dann doch noch. Kurz vor dem Ende seines Auftritts sprach er unvermittelt die wenigen Teilnehmerinnen der Gruppe an: „Für meinen Erfolg im Beruf brauchte ich selbstverständlich auch immer sehr kompetent besetzte Sekretariate, Damen, die eine angenehme Telefonstimme haben", plauderte er locker seine Version der beruflichen Zukunft der Kolleginnen aus und fuhr fort: „Wenn dann diese Damen außerdem noch ihre ausgeprägten weiblichen Attribute großzügig zur Geltung bringen und ich Kaffee in mein Büro ordere, dann hat der Kunde, der mich gerade besucht, bereits so gut wie sicher den Auftrag unterschrieben!"

Kurz dachte F damals ernsthaft darüber nach, diese absurde Welt sofort wieder zu verlassen. Aber ihm wurde klar, die Kleidung und die Sprüche, das war nicht sein Problem. Es war der spezielle Charakter, der Typ Führungskraft, den er in seiner bisherigen Berufswelt so nicht kennengelernt hatte. Und dagegen konnte man doch angehen. Er schwor sich, einfach anders erfolgreich zu sein. Er würde es besser machen, mit und ohne Anzug.

Nach dem Abschluss des Traineeprogramms bewarb er sich in Frankfurt um seine erste Stelle als Vertriebsassistent. Und er hatte Glück, sein zukünftiger Chef, Herr G, gab ihm die Chance, in einem ganz anderen Umfeld arbeiten zu können. Schon der erste Kontakt im Vorstellungsgespräch verlief bemerkenswert. Er hatte seine Bewerbungsmappe vorgelegt und sollte den bisherigen beruflichen Werdegang schildern. Während der kurzen Zusammenfassung sah er, wie Herr G ziemlich oberflächlich die Unterlagen durchblätterte und plötzlich, fast am Ende der Mappe, bei den Zeugnissen stoppte und mit einem verschmitzten Lächeln eine Seite sehr aufmerksam studierte. F fragte sich, was dort so Interessantes stand, konnte aber keine Erklärung finden. Das Gespräch dauerte auch nicht sehr lange. Einige Fragen später sagte G spontan: „Herr F, die Personalabteilung hat Sie ja bereits interviewt, und vorbehaltlich der Zustimmung des Betriebsrates sollten Sie davon ausgehen, hier in gut sechs Wochen in meiner Abteilung zu beginnen. Richten Sie sich schon mal im privaten Umfeld darauf ein!" F jubelte, das war für ihn der erste Schritt zur eigenverantwortlichen Tätigkeit im Vertrieb und mit dem passenden Vorgesetzten ein optimaler Start. Und so kam es auch. Ohne festen Kundenstamm, ganz unten anzufangen, das war für F damals der beste Job auf Erden. Er war jung und hungrig.

Leider ging es dem Bereich aufgrund eines grundlegenden technologischen Wandels in der Branche nicht besonders gut und nach nur elf Monaten wurde deutlich, dass ein Verkauf und die Ausgliederung aus dem Unternehmen in nächster Zeit bevorstand. Für F war das eine prägende Erfahrung, die sich in den folgenden Jahren als verlässliche Konstante oft wiederholte. Hier konnte er das erste Mal live beobachten, wie sich die Produktivität eines Bereiches knapp über null einpendelte und eigentlich nur noch aus wirklich zwingenden Erweiterungsgeschäften bestand. Monatelang wurde der bereits allgemein diskutierte Übergang nicht klar kommuniziert. Dadurch entstand eine unglaubliche Desorientierung der Mannschaft. Diese Unruhe spürten auch schnell die Kunden; sie misstrauten den Versprechungen und warteten sicherheitshalber bei größeren Investitionen ab. So verschärfte sich die Situation täglich.

F blieb aber noch genug Zeit, das Rätsel, das seit der Einstellung ungelöst war, aufzuklären. „Sagen Sie, Herr G, warum haben Sie damals bei der Durchsicht meiner Unterlagen an einer Stelle so erfreut oder belustigt reagiert?", fragte er am Rande eines der letzten Meetings seinen Chef. „Ich habe anschließend immer und immer wieder die Mappe durchgesehen, aber vergebens versucht, einen Grund dafür zu finden." Dieser erinnerte sich sofort. „Ja, das werde ich auch nicht vergessen", begann er. „Wissen Sie, wir wurden umfassend geschult, auf welche Kriterien bei Bewerbungsgesprächen besonders zu achten ist, und der Kollege aus der Personalabteilung hatte Sie ja auch bereits entsprechend intensiv interviewt. Und trotzdem, bei der vorherigen Einstellung hatten sich alle Beteiligten total getäuscht. Wir vertrauten damals zu sehr auf die hervorragenden Zeugnisse des anscheinend bestens geeigneten Bewerbers. Das Ganze wurde aber leider ein Flop." Er machte eine Pause und F hatte fast das Gefühl, sein Chef blätterte wieder in seiner Bewerbungsmappe. „Bei Ihnen hatte ich mir fest vorgenommen, etwas zu suchen, das nicht nur eine rein rationale Entscheidung begründet. Und, schauen Sie in Ihr Abiturzeugnis, mit dem Ergebnis in Latein können Sie doch wohl nicht zufrieden sein, oder?" Das stimmte. F hatte diese Zensur aber als „selbst gegönnte Schwäche" für nicht weiter entscheidend gehalten. Für ihn stand sie, wenn er darauf angesprochen wurde, „im erfri-

schenden Kontrast zu dem sonst doch durchaus gut gelungenen Ergebnis". „Was Sie nicht wissen konnten", fuhr sein Chef
fort, „mein jüngster Sohn hatte zu der Zeit genau in diesem
Fach massive Probleme und es gab bei uns zu Hause eine riesige Diskussion darüber. Als ich dann Ihre Bewerbung sah,
wurde mir spontan klar, dass eine einzelne Note wohl doch
nicht verhindert, dass noch etwas aus einem wird. So bekamen Sie den Job, ich einen guten Mitarbeiter und mein Sohn
die nötige Ruhe und Freiheit, seinen Weg selbst zu gehen."

Kurze Zeit später wechselte F in einen anderen Bereich, er-
hielt einen neuen Vorgesetzten und war damit wieder in der
Realität angelangt. „Sekretärin und F zu mir", donnerte der
neue Chef aus seinem Zimmer quer durch den Gang des Büros.
Und dann warteten beide lange Zeit links und rechts vor seinem Schreibtisch und begleiteten den mühsamen, abgehobenen Entstehungsprozess eines mehrseitigen Briefes, den der
Chef gerne immer wieder durch forsche Telefonate mit den
Werken unterbrach. Die genervte Sekretärin stenografierte
kunstvolle Satzgebilde über „Wettbewerber, die das eigene
Unternehmen bei dem Kunden gerade, ohne erkennbare Anzeichen von Schwäche, auf der Außenbahn locker überliefen."
Und F? Er sollte als niederer, aber willkommener Claqueur
diese sprachlichen Meisterwerke bewundernd abspeichern
und so nachhaltig für das große Business geprägt werden.

Nach diesen Erfahrungen während der Ausbildung und in den
ersten beruflichen Stationen hatte F in den folgenden Jahren
seine Schutzschicht nicht nur kleidertechnisch, sondern auch
mental, mit dem abgelagerten Staub vieler Erfahrungen,

Schicht für Schicht weiter gefestigt. Einige dieser menschlich so unangenehmen Typen wie der damals referierende Vertriebschef verschwanden zwar ziemlich schnell von der Bühne, aber es rückten immer wieder neue nach. Und F wurde älter und erfahrener, angepasster und auch satter und stieg, je mehr diese Staubschicht schützte und seine ursprünglichen Ideen und seine Begeisterung verdeckte, in der Hierarchie auf. Bestand nicht mittlerweile bei ihm der Mörtel, der alles zusammenhielt, auch nur noch aus materiellem Ehrgeiz, Selbstverliebtheit und Arroganz? Tief im Inneren waberte eine dumpfe Unzufriedenheit darüber, nicht bereits damals, nach der ersten Warnung, sein Leben grundlegend neu ausgerichtet zu haben. War er wirklich noch immer so anders erfolgreich als diese abschreckenden Herren? Warum empfand er mittlerweile das ganze ständige Gegeneinander im Unternehmen, derartige komödiantenhafte Auftritte, die es ja ständig noch gab, als so überaus normal? Als das, was es doch schon immer war und auch immer bleiben würde: ein großes Spiel um Macht, um Geld und Eitelkeiten. Mit Spielern, die durch selbstverliebte Inszenierungen und hinterhältige, fiese Attacken ihren persönlichen Vorteil sicherten. Sie spielten in imaginären, ständig wechselnden Mannschaften und siegten mit banalen Weisheiten und oberflächlichem Getue.

Doch die rasanten Aufstiege dieser Herren konnten genauso schnell mit Abstürzen enden. Dann landeten sie meist in Abgründen, in denen sich das halbe, das dunkle Programm der menschlichen Natur wohlfühlte. In harmlosen Fällen jammerten sie nur. Wovon hatte er damals geträumt?

Heute war sein Tag. Gestern Abend, noch vor dem Essen, hatte F dem Deutschlandchef, sie standen direkt neben dem unregelmäßig tröpfelnden, historischen Mühlrad, das Okay entlockt, ihn für die nächste zu erwartende Abbauwelle vorzumerken. Er war ihm für die Antwort „Das tue ich nur für Sie" richtig dankbar. Ehrlich gesagt hatte F von Anfang an nicht verstanden, warum er bei der letzten Umstrukturierung vor mittlerweile fast zwei Jahren eine eigene Hauptgruppe zugeteilt bekam. Ja, zugeteilt. Eigentlich undenkbar, dieser Vorgang. Wie konnte man Führungsaufgaben heimlich am grünen Tisch zuordnen und die Beteiligten darüber erstmalig in aller Öffentlichkeit in einem Meeting mit über einhundert Teilnehmern durch lieblos gemachte Schwarzweiß-Folien informieren oder besser überraschen? Die Namen der Gewinner standen auf dem einen entscheidenden Chart. Wer seinen Namen dort nicht fand, hatte wohl Pech gehabt und wurde sogleich, zur Einstimmung, aus dem Raum entlassen. „Wir werden Sie mit aller Kraft bei der Suche nach einem adäquaten Arbeitsplatz unterstützen", lautete die mitgegebene geistige Wegzehrung, deren Nährwert sich dann aber regelmäßig in kurzfristig angesetzten Trennungsgesprächen erschöpfte. „Ich weiß, F, man soll keine Organisation um Personen bauen. Bei Ihnen mache ich das aber trotzdem. Mensch, Sie sind doch 'ne Bank. Also, wir machen das so. Sie bringen den Laden in dieser Diaspora erst einmal auf Trab, dann werden wir schon weitersehen." Das war damals die Antwort auf Fs direkte Frage, was das eigentlich alles solle. Und die Möhre baumelte vor ihm. „Auf geht's. Los, hinterher."

Das Silberrückenmännchen, der Deutschlandchef, hatte bereits seine eigentliche Attacke beendet und wollte das Chart mit den Verkaufszahlen nur noch nachwirken lassen. „Übergang in die Cool-Down-Phase", registrierte F. Da meldete sich unvermittelt der Leiter des Bereichs Hanse lautstark zu Wort. Mit seinen nach mehr Macht strebenden Alphatier-Genen konnte er zu den dauernden Vorwürfen nicht länger schweigen. Interessanterweise auch im Anzug, wenn auch ohne Krawatte, erhob er sich von seinem lässigen Platz in der letzten Reihe und ging im Mittelgang, lautstark redend, nach vorne: „Das kann ich so nicht stehen lassen! Ohne vorherige Information und Möglichkeit, diese Zahlen für meinen Bereich zu prüfen, finde ich einen derartigen Umgang miteinander nicht gut! Diese Zahlen und Ihre Analyse hätte ich vorher erhalten müssen, um darauf inhaltlich angemessen reagieren zu können!" Jetzt war es ganz still. Selbst die bereits wieder weiterdösenden Servicekollegen, die diesen vormittäglichen Vertriebsteil eigentlich nur elegant absitzen oder zur Ausnüchterung nutzen wollten, wurden schlagartig wach. Das kannte man so überhaupt noch nicht gegenüber einem Chef. Widerspruch. Widerspruch in derartig aktiver und direkter Form – und dann auch noch in Anwesenheit des zukünftigen Personalchefs Deutschland. Ungeheuerlich, dieser Auftritt!

Der Deutschlandchef war nur kurz irritiert. Was sollte diese unnötige Einlage seines direkten Mitarbeiters? Der musste doch die Dramaturgie derartiger Ermahnungen mittlerweile bestens kennen und war selbst nun wirklich nicht zimperlich, wenn es ums Austeilen ging. Während seiner Anklagerede hatte der Chef sich von Chart zu Chart weiter aus dem Zentrum bewegt. Er wollte nicht das gestochen scharfe Bild des Beamers verdecken und die Wirkung der katastrophalen Verkaufszahlen durch eigene Präsenz im Bild abmildern. Ganz schlecht wäre es auch, durch zu viel räumliche Nähe den Eindruck zu vermitteln, man hätte zu dieser kritischen Situation selbst irgendetwas beigetragen und sei somit ein Teil des Problems. Jetzt aber stand er dadurch strategisch äußerst ungünstig, ganz an der rechten äußeren Wand des Saales. Der aufmüpfige Angreifer konnte somit locker und ungebremst, im Mittelgang fabulierend, bis kurz vor das Podium vordringen. Achtzehn, vielleicht sogar zwanzig Meter, schätzte F. Respekt, das war wirklich nicht schlecht für eine Revierüberschreitung in diesem bedeutenden Meeting. Aber der Deutschlandchef hatte die Lage blitzschnell gecheckt und setzte sich in Bewegung. Geschickt schnitt er dem Kollegen aus der Hanse den Weg ab, besetzte souverän, jetzt nur noch zwei Meter vor ihm, den Aufgang zum Podium und teilte von oben eiskalt aus: „Solange Sie mein Mitarbeiter sind, Herr D, werden Sie sich damit abfinden müssen, dass ich und nur ich", die jetzt eingefügte taktische Pause war brillant – „Ich und nur ich", hallte es ständig in Fs Kopf nach – „bestimme, welche Zahlen wie, wann und wo gezeigt werden!" Der forsche Kollege war bereits instinktiv einige Meter zurückgewichen. „Im Übrigen, da würde auch keine weitere Vorbereitung Ihrerseits helfen, die hanseatische Einheit zeichnet sich durch ganz besonders schlechte Zahlen aus!" Und weiter, jetzt wieder an alle gewandt: „Meine Herren Vertriebsleiter, ich bin darüber mehr als persönlich enttäuscht! Das ist nicht meine Auffassung vom Agieren in einem wachsenden Markt!"

F fragte sich, ob es nicht technisch möglich wäre, in solchen Momenten noch ein passendes Geräusch einzuspielen. Wie wäre es, jetzt das Fauchen einer Großkatze dramaturgisch nachhallen zu lassen? Ein simpler Button am Mikrofon, mit der Kennzeichnung „einschüchterndes und beeindruckendes Fauchen nach erfolgreicher Schmährede", würde genügen. Aber da kam nichts mehr.

Die Rangordnung war wieder unmissverständlich hergestellt, bestätigt und weiter gefestigt. Der Chef im Ring stand strahlend im Zentrum seiner Bühne und kontrollierte souverän, wieder ganz gelassen, geradezu weltmännisch, die Situation und die nächsten Charts. Gut gebrüllt, Löwe.

Und der angreifende Kollege? Er trollte sich grummelnd auf den Platz und schien dabei auch ganz zufrieden zu sein. Hatte er doch dem Silberrücken seine latente Gefährlichkeit bewiesen, und er wusste, dieser mutige Auftritt stärkte, trotz der breiten Abfuhr, seinen Einfluss und seine Position vor der versammelten Führungsmannschaft. Immerhin war er jetzt für die Anwesenden uneingeschränkt die gefühlte Nummer zwei im Revier. F spürte, wie die anderen Regionalleiter ihn um diesen strategischen Auftritt beneideten und krampfhaft überlegten, wie sie sich persönlich noch im Rahmen des weiteren Meetings besser positionieren könnten. Eigentlich war das ein Scheingefecht, dachte F, die wollten doch nur spielen.

Für ein paar Minuten hockten die Kollegen, nun zumeist geduckt wie eine vom Gewitter überraschte Horde Primaten, auf den Stühlen. Die wenigen Frauen im Plenum fragten sich vielleicht einmal mehr, warum sie so wenig Einfluss hatten und dieses Machogehabe immer noch der tägliche und „normale" Umgangsstandard im Unternehmen war. „Frau S, habe ich Sie denn eigentlich überhaupt schon einmal in einem Rock gesehen?", das war einer der spontanen, wirklich auflockernd gemeinten Sprüche eines Kollegen am Rande eines Meetings. Die Kollegin war bitter empört, und F erinnerte sich sofort wieder an seinen speziellen Freund, den Vertriebsleiter, in dem Workshop vor vielen Jahren. Aber dabei zeigte diese Bemerkung doch nur, dass eine gewisse männliche Begrenztheit auf die genetisch programmierten Reflexe für einige Kollegen überlebenswichtig war.

Die Aufregung nach diesem kleinen Zwischenfall hatte sich schon lange gelegt, und nun waren die einzelnen Clusterleiter, verantwortlich für Lösungen und Dienstleistungen, an der Reihe, die grausigen Zahlen im Detail zu präsentieren. Aus ihrer Sicht erschien die Lage auf einmal doch so schlecht gar nicht. Ein Feuerwerk an Maßnahmen stand auf den vielen Folien. All das hatte man bereits getan, wollte es oder, besser: sollten andere noch tun. Die verstohlenen Seitenblicke zum Tisch des Deutschlandchefs zeigten, dass sie dabei immer genau prüften, wie weit sie diese positive Eigendarstellung ausreizen durften. Zündeten sie zu viel Feuerwerk, dann stellte sich angesichts der unstrittigen Zahlenlage schnell die Frage, ob sie überhaupt in der Lage waren, die einzig richtigen

Maßnahmen zur Verbesserung der Situation zu ergreifen. Den Deutschlandchef interessierte dieser heikle Balanceakt herzlich wenig. Er hatte seine Ansage gut platziert, und damit war die Sache für ihn erledigt. Jetzt war er hochkonzentriert mit seinem Notebook beschäftigt.

Zwischendurch, in einer Kaffeepause, hatte er F kurz zur Seite genommen und vertrauensvoll geflüstert. „Ich habe heute früh bereits mit dem Vorstand gesprochen und er hat zugestimmt. Jetzt brauche ich nur noch einen Dreizeiler von Ihnen, dass es Ihr persönlicher Wunsch ist zu gehen. Schreiben Sie mir was, möglichst sofort." War das eine Falle? Selbst zu schreiben, dass man gehen möchte, das konnte bei falscher Formulierung verhängnisvoll enden. Und warum so schnell?

Den nächsten Vortrag bekam nun auch F nicht mehr mit. Er baute sein Notebook auf, formulierte, drückte zehn Minuten später „Senden" und konnte sehen, wie zwei Reihen schräg vor ihm der Posteingangskorb beim Chef blinkte. Dieser öffnete sofort die Mail, überflog die fünf Zeilen und, Mist, der neben ihm sitzende technische Leiter las eindeutig den Inhalt mit. „Hey Junge, deine eigenen Clusterleute präsentieren gerade, reden sich dabei um Kopf und Kragen, und du liest fremde Mails?"

F hatte gehofft, dass sein geplanter Weggang erst später die Runde im Führungskreis machte. Immerhin hatte er ja seinen direkten Vorgesetzten, der wegen einer dringenden internen Präsentation fehlte und sich erst für die Nachmittagssession angekündigt hatte, bisher ganz bewusst übersprungen. Egal, jetzt war es eben durch. Er musste einfach schnell sein und ihn als Erster über das Gespräch und die Entscheidung informieren.

In der Mittagspause stand plötzlich der technische Leiter neben F am Büfett und fragte scheinheilig: „Na, Kollege, alles klar? Läuft doch momentan ganz gut bei Ihnen an den Standorten, oder gibt es was Neues?"

PHRASEN, SPRÜCHE, WEISHEITEN

Natürlich sind lockere Sprüche keine spezifische Thematik des Vertriebs. Sprüche hören wir überall, in allen Lebenslagen. Im privaten Umfeld, gerne bei Erziehungsfragen, im Sport, dort besonders deftig beim zumeist überflüssigen Kommentar nicht selbst erbrachter Leistungen, selbstverständlich in der Kneipe, in Form des umfassenden politischen Kommentars oder von Disco bis Schützenzelt und den gelungenen oder misslungenen Anmache- oder Kraftmeier-Sprüchen, in jedem Songtext und jeder Predigt. Beste Beispiele für weitere berufliche Felder sind die ertragsmäßig optimierten Sprüche der Politiker oder der Kabarettisten. Sprüche begleiten unser ganzes Leben, und gerne umgeben wir uns deshalb auch mit abreißbaren Tagesbotschaften altchinesischer Weisheiten. Je nach Bildungshintergrund und Wohlbefinden, leuchten der Stern des Laotse, die faustischen Erkenntnisse eines Goethe, die beim Bierbrauen gewonnenen Weisheiten eines vollbärtigen Abtes oder spektakuläre Fußballweisheiten bis in die dunkelsten Ecken unseres alltäglichen, privaten und beruflichen Bemühens. Sie geben uns Sicherheit und geistiges Format und verhindern oftmals die böse Erkenntnis eigener, hoffnungsloser Begrenztheit. Um aber in den Vertriebsorganisationen der Unternehmen den uneinholbaren Spitzenplatz der dann leider oft sehr platten Erkenntnisvermittlung zu erreichen. Das liegt ganz sicher auch an den daran beteiligen Charakteren.

Es entstanden dabei sogar bereits ganze ‚Spruch-Konzepte', die sich dem jeweiligen Unternehmenszustand flexibel anpassen. Sicherlich kennen Sie auch die Weisheiten der Dakota-Indianer und deren Basis: „Wenn du entdeckst, dass du ein totes Pferd reitest, steig ab!"

Legen wir doch einfach unterschiedliche Ausprägungen fest. Ähnlich einer typischen Skill-Bewertung in den Unternehmen, die die Mitarbeiter und deren Fähigkeiten klassifiziert. Die Übergänge verlaufen natürlich, je nach Individualität und hierarchischer Position des Anwenders, fließend. Es folgen:

- Basic

- Standard

- Advanced

- Motivation und Marketing

- Expert

- Qualität

Und bitte, ergänzen Sie gerne diese willkürliche, für immer unvollständig bleibende Sammlung und denken Sie daran, das alles ist außerdem ganz subjektiv!

Auf die Plätze – Am Nachmittag

Am Nachmittag ging es dann richtig los. Die auf der Einladung genannten Agendapunkte entpuppten sich als reine Dummys für ein einziges Thema: Personalabbau. Logisch, darum war der Personaler auch die ganze Zeit schon dabei. Zur Einstimmung folgten die strategischen, einschwörenden Worte des Deutschlandchefs. „Wie Sie ja bereits alle gewusst haben, muss das Unternehmen aufgrund der nicht mehr realistisch zu erreichenden Planzahlen und der angespannten Marktlage – mit härtestem Verdrängungswettbewerb – über wirklich spürbare Personalanpassungen seine Kostenposition nachhaltig verbessern." Er blickte mit einer Mischung aus Siegesfreude und Angriffsbereitschaft in Richtung Hanse und fuhr fort. „Ich betone hier nochmals: Ihre mangelhafte Planerfüllung und, verschärfend dazu, Ihr einbrechender Forecast haben diese Situation erst so dramatisch verschlimmert." Natürlich ahnte man schon länger etwas, das war richtig. Aber bis zum Mittag lautete noch die einzig mögliche Parole: „Wir befinden uns in einem wachsenden Markt und sichern, sehr erfolgreich, unseren fairen Anteil daran." Von dem, was sie nun hörten, waren alle sichtlich geschockt. F wusste, es war jetzt ganz sicher: Er stand oben auf der Abbauliste. Zufällig hatte er den Zeitpunkt optimal gewählt.

Dann zeigte der Deutschlandchef die Vorgaben für die einzelnen Regionen und Bereiche, und der Personaler sprach vom fairen Umgang mit den Betroffenen. Alle bekamen klare Ziele, wie viel Personal innerhalb der knapp nächsten zwei Monate abzubauen sei. Der Vertrieb kam dabei wie gewohnt noch halbwegs glimpflich davon. Hier sprach man nur vom konsequenten Austausch der Minderleister. Die größte Last hatte aber einmal mehr der Service zu tragen. Man wollte also die Präsenz in der Fläche weiter ausdünnen, in der Hoffnung, dass auch diesmal die Kunden den schleichenden Qualitätsverlust hinnehmen und nicht abspringen würden. Und noch mehr verzweifelte Menschen konnten demnächst vom endlosen Warten in einer hoffnungslos überlasteten Hotline berichten. Wenn sie es dann doch endlich schafften, jemanden zu erreichen, und ihr Problem melden wollten, dann war es gut möglich, das ihnen ihr asiatischer Gesprächspartner erklärte: den Datensatz für ihr Unternehmen gebe es doch gar nicht, ob man denn überhaupt Kunde sei? Alles selbstverständlich in freundlich singendem Deutsch-Englisch. Dienstleistungsatmosphäre, in der man sich wohlfühlt, auf höchstem Niveau. Wenn dann der indische IT-Guru auf der anderen Seite der Hotline nachfragte, was denn überhaupt ein „Totalausfall" sei und ob man ihm doch dieses seltsame, unbekannte deutsche Wort, langsam bitte, buchstabieren könne, dann explodierte auch der bedächtigste Ostwestfale. Der schöne Begriff „Following the sun", wurde als rund um die Uhr, immer erreichbarer, Vierundzwanzig-Stunden-Dreihundertfünfundsechzig-Tage-Service verkauft. In Wirklichkeit aber liefen die Kunden dieser Servicesonne ständig hinterher und ärgerten sich, einsam und verlassen, im kalten Nachtschatten der Erde. Für sie war das Glas nun mal halbleer.

Die Detailarbeit überließ man dann natürlich den einzelnen Führungsteams der Regionen. Alle Besprechungsräume des Hotels waren dafür bereits im Vorfeld reserviert worden. Nach zwei Stunden, das gab der Deutschlandchef mit auf den Weg, erwartete er nur zwei Ergebnisse. Erstens: die vertrauliche Liste der anzusprechenden Personen, selbstverständlich mit einem gewissen Überhang, um etwaige Ausfälle und gewerkschaftsnahe Widersprüchler sofort ersetzen zu können. Zweitens: das klare Commitment der Führungskräfte, dass der Tagesbetrieb trotzdem störungsfrei weiterläuft. Man solle sich doch einfach mal gegenseitig bei Problemen aushelfen und die weitere Vorgehensweise in einem detaillierten Maßnahmenplan festhalten. Er konnte sich aber nicht verkneifen, auch hier nochmals anzumerken, dass personelle Engpässe eigentlich nicht auftreten dürften, und trat verbal nach: „Bei den aktuellen Auftragszahlen können Ihre Leute ja ohnehin keine ausreichende Arbeit haben!"

Die anfängliche Empörung in den einzelnen Runden hielt sich erstaunlicherweise sehr in Grenzen. Über ein „Ich weiß gar nicht, wie das gehen soll." oder „Wo soll das noch enden?" ging keiner hinaus. Noch hatte man ja seinen Job und wusste, wenn man die Vorgaben nicht zügig genauso umsetzte, war man todsicher selber dran. Jetzt war also nicht die Zeit für Sensibilität, Mitgefühl, Selbstmitleid oder lange Reden. Es ging ums eigene Überleben. Das spürte jeder und parierte.

F war seltsam entspannt. Er stellte sich vor, wie der Deutschlandchef in einem mit dämonisch grinsenden Wassergeistern bedruckten Football-Trikot der Neuseeländer Pitbulls auf seinem grünen Feldherrenhügel stand. Durch den Feldstecher analysierte er die Gefechtslage. Seine umfangreichen Referate arbeiteten hochkonzentriert in einem riesigen Zeltlager im Hintergrund und überwachten alles bis ins Detail. Boten ritten wild durch die Gegend und meldeten, Standort für Standort, die konsequente Umsetzung des soeben erteilten Dezimierungsbefehls. Zufrieden kommentierte der Deutschlandchef zwischendurch die Arbeit seiner schlachterprobten Führungskräfte: „Meine Herren, nur weiter wacker drauf los!"

Diesmal traf es fast jeden Dritten.

BASIC

Fangen wir mit der soliden Basis und einer kleinen Auswahl alltagstauglicher Sprüche an, die von der breitesten Masse der Kollegen genutzt werden kann. „Anhauen, Umhauen, Abhauen", der Klassiker des schnellen Verkaufs. Dieser Spruch gehört in die Gruppe der sich gerne besonders männlich und erfolgreich präsentierenden Kollegen. Wenn sie so über den Umgang mit ihren Kunden sprechen, entsteht aber eine verbale Siegerpose ohne wirkliche Substanz. Oft nicht einmal hemdsärmlich vorgetragen, sondern mit goldenen Manschettenknöpfen und Uhren, teuren italienischen Schuhen, sorgfältig gegelten Haaren und Designerbrille, selbst bei bester eigener Sehschärfe. Und durch diesen optischen Widerspruch wirken sie dann erst recht nicht überzeugend. „Angebildete" Möchtegerne, die sich irgendwann ‚kommen, sehen und siegen' gemerkt haben. Aber alle mit der Fähigkeit ausgestattet, hinterhältig konsequent zu sein, nachdem sie jemanden über den Tisch gezogen haben: „Sie haben ja den Vertrag so unterschrieben, Herr Kunde" und „Verträge müssen gehalten werden". Oftmals Drückertypen. „Aus den Augen, aus dem Sinn" und „Was interessiert mich mein Geschwätz von gestern".

Fast harmlos dagegen, wenn die Aussagen richtig wissend oder sogar intellektuell wirken sollen, aber inhaltlich voll daneben liegen. Dann kann schon mal Schloss Sanssouci der Fürstensitz „Heinrich des Löwen" sein, der ja ‚Angriff für die beste Verteidigung' hielt. Oder man erinnert im Gespräch eben mal daran, dass Bismarck bekanntlich wollte, dass „jeder nach seiner Fasson selig werde". So wird das persönliche Bildungs-Puzzle einfach passend gemacht. Sie reden wirr, aber eindrucksvoll. Eigentlich doch fast schon wieder richtig sympathisch. Etwas unappetitlich wird die Sache, wenn die Medizin dazukommt und Probleme chirurgisch gelöst werden sollen. Da sieht man endlich die Missstände wie „rohes Fleisch" vor sich liegen und oft hilft nur noch der „tiefe, feste Schnitt bis auf den Knochen". Erfahrene Chefs vertrauen dann schon mal lieber auf die Selbstheilungskräfte der Organisation, lassen über mehrere Quartale den Arztbesuch aus und sparen so die Praxisgebühr: „Das eine oder andere wird dann ja später noch rauseitern müssen."

Eine gewisse burschikose Fröhlichkeit kommt aber zuletzt doch noch auf, wenn das beruhigende Resultat lautet: „Mit diesen Maßnahmen werden wir unsere Verkaufszahlen deutlich steigern können und ruck zuck ist der Arsch geheilt!" Ja, so macht doch die Arbeit Spaß. Und muss man seinem Vorgesetzten nicht besonders stark vertrauen, wenn dieser auf die Frage, wie denn die konkrete Verkaufsstrategie jetzt aussieht, antwortet: „Strategie? Wozu bitte das denn, meine Herren? Erst einmal verkaufen Sie gefälligst, die Strategie spritze ich mir dann später aus der Hüfte." Dazu passt die immer mit sehr viel Selbstmitleid ständig wiederholte Bemerkung eines weltoffenen Kollegen: „Ich schufte doch hier wie 'ne Hafendirne."

Soll sich doch bitte jeder sein Feindbild selber malen. Aber besser ist es, derartige Phrasen und Sprüche nicht pauschal zu verurteilen, sondern immer nur entsprechend der eigenen Tagesform zu reagieren. Von höchster Desillusion über diese menschlichen Flachheiten, die leider zu oft das Geschehen maßgeblich bestimmen, bis hin zum euphorischen Jubeln darüber, dass man derartige Sternstunden des Geistes persönlich miterleben darf und auch noch selbst dazugehört. Das hält flexibel und verhindert nicht das eigene Zitat.

20 Tage später – Alles wird gut

Die Gespräche mit den Betroffenen waren fast abgeschlossen und aus Sicht der Leitung erfreulicherweise auch äußerst erfolgreich verlaufen. Das lag sicherlich an den nicht uninteressanten Konditionen, die für eine Unterschrift angeboten wurden. Mächtig unterstützend wirkte ebenfalls die allgemeine Stimmungslage im Unternehmen, die sich auch durch eine ganze Serie von Mitarbeiterbefragungen nicht verbessert hatte. Einzelne Kollegen drängten sogar freiwillig darauf, auf die Liste zu kommen und ein Angebot zu erhalten.

F war also kein Einzelfall.

Das einzige Entscheidungskriterium bei einer derart großen Abbauwelle war, die gesetzte Anzahl schnellstmöglich zu erreichen. So leisteten, dank „Turbo-Prämie", auch viele der besten Techniker zügig die Unterschrift. Es wurde schon jetzt deutlich, deren Zukunft bei Kunden, dem Wettbewerb oder in Neugründungen von Dienstleistungsunternehmen würde dazu führen, dass die Marktanteile des Unternehmens noch schneller abschmolzen. Dem verbleibenden Rest der Mannschaft versprach man natürlich die besten Chancen für die Zukunft. „Ruhe in die Reihen bringen", hieß das. Logischerweise erzählte man jetzt auch bereits wieder von wachsenden Märkten. Von einer Welt mit neuen unschlagbaren, ganzheitlichen Lösungen. Schlanken, kundenorientierten, internen Prozessen. Und man äußerte die feste Gewissheit, dadurch endlich wieder richtig Geld zu verdienen, um dann weltweit die Nummer eins der Branche zu werden. „Wir werden unsere PS wieder auf die Straße bringen", lautete die Devise.

Die Realität an der Basis sah leider ganz anders aus. Wohin man blickte, herrschten Frustration, Resignation und innere Kündigung. Nur an wenigen kleineren Standorten gelang es, sich wenigstens am Rand dieses Strudels zu halten, die destruktive Gerüchteküche auszublenden und weiter halbwegs gute Zahlen abzuliefern.

In dieser Zeit entstand eine der schönsten Kettenmails, bei denen F je Mitautor sein durfte. Der Auslöser war die gänzlich überflüssige Frage: Muss der Verfasser eines bestimmten technischen Angebotsteils im späteren Auftragsfall und bei möglicherweise auftretenden Realisierungsschwierigkeiten dafür auch einstehen? Insgesamt dreiundvierzig Statements auf sechzehn Seiten, beweisstützende Anlagen nicht mitgerechnet. Der Verteiler umfasste am Ende so viele Namen, dass sich die Gründung einer Kleinstadt im Mittleren Westen gelohnt hätte. Auch hierin waren die sicherlich zahlreichen Bcc noch nicht enthalten. Einundzwanzig Mal Pro und einundzwanzig Mal Contra: „Ja. Nein. Ja. Nein. Hast du doch ..., Habe ich nicht ..., Hast du wohl ..." Nach neun Tagen hatte dann der Deutschlandleiter persönlich Mitleid mit seinen Untergebenen und vertraute nicht länger auf die Erleuchtung bei Mannschaft und Führungskräften. Das Mail-Pingpong wurde mit einem drastischen Prankenhieb, seinem deftigen Abschlusskommentar, im dreiundvierzigsten Statement, für einige sehr schmerzhaft, beendet. Schade nur, dass er nicht klar Stellung bezog und die Sache selbst dabei ungeklärt blieb.

Derartige Mail-Kriege, mit modernster Waffentechnik geführt, belebten den Tagesablauf zusätzlich. Entlastungs-Mails, Hinterhalt-Mails, Pseudo-Arbeitsnachweis-Mails, das Repertoire war unerschöpflich. Eine gigantische Sandgrube, um das bereits knirschende Getriebe der Firma mal so richtig, bis zum Limit, zu testen.

Dieser Zustand der internen Nabelschau nahm mittlerweile für das gesamte Unternehmen existenzbedrohende Ausmaße an, und der Vorstand höchstpersönlich wollte jetzt die an Bord verbleibenden Kolleginnen und Kollegen wieder auf Kurs bringen. Das bedeutete, Internetpräsentation für alle. Zur besten Sendezeit, an einem Dienstag um fünfzehn Uhr.

Fast die komplette Mannschaft saß vor den Bildschirmen der Company und sie erwartete ein gut abgestimmter Auftritt. Nach der kurzen Begrüßung durch den Vorstand sprach der Personalchef zur aktuellen Situation und bedankte sich, übertrieben fürsorglich und einfühlend, für das allgemeine Verständnis und die erfolgreiche Umsetzung der sicherlich schmerzhaften, doch leider so notwendigen Abbauvorgabe. Dann folgte der kaufmännische Part. Dieser Kollege empfand wesentlich plastischer, chirurgisch: Er erzählte von „offenem Fleisch und von tiefen Einschnitten, bis auf den Knochen. Die Operation sei sehr erfolgreich ausgeführt worden. Dem Heilungsprozess hätte man dadurch eine reelle Chance gegeben. Allerdings, vielleicht würde das eine oder andere Übel mit der Zeit noch aus der Wunde rauseitern müssen". Leckerste, überhaupt nicht die erwartete kaufmännisch langweilige, Nachmittagsunterhaltung. Da gab es entweder einen medizinischen Hintergrund in der Familie des Kollegen oder hier rächte sich ein abgebrochenes Medizinstudium unerbittlich, selbst noch an den unschuldigen, späteren bundesweiten Zuhörern.

Dann folgte der Hauptteil, die Motivationsrede des Vorstandes. Und auf einmal war alles bereits wieder gut. Wachsende Märkte, beste Produkte, optimale Prozesse, ein System zum Gelddrucken. Das ging fast zehn Minuten so. Trotz teilweise mächtigem Rauschen und Intranetgeflacker kam er sehr überzeugend rüber. F war beeindruckt. So musste man drauf sein. Noch ahnte keiner, dass in den folgenden dreißig Sekunden all der sprühende Optimismus des Redners von einer noch stärkeren, sehr persönlichen Instanz wieder zunichte gemacht werden sollte. Und das kam so: Der Schlussakkord seines Triumphberichtes über wachsende Märkte, beste Produkte, optimale Prozesse und hoch motivierte Mitarbeiter begann gerade in den Ohren der verklärten Zuschauer abzuklingen. Es ging nur noch darum, diese Beweisführung durch den Kollegen vom Marketing und die Präsentation der neuen, unschlagbaren maritimen Werbekampagne zu verfeinern und dafür das Wort an ihn zu übergeben. Aber es folgte: „Meine Damen und Herren, ich bedanke mich nochmals ganz persönlich für Ihr außerordentliches Engagement in dieser rauen Zeit in schwierigen Gewässern. Auch wenn uns der Wind noch kräftig in das Gesicht bläst, Sie verkörpern die Zukunft für das Unternehmen. Vertrauen Sie bitte mit mir ganz fest darauf. Wir werden als Sieger aus diesem Rennen hervorgehen. Wir werden weltweit zur Nummer eins der Branche aufsteigen!" Das Logo der Company wurde im Hintergrund groß und leuchtend eingeblendet. Es folgte eine Pause, in der wohl jeder für sich vor Begeisterung applaudieren sollte, und dann schloss er mit den Worten. „Jetzt möchte ich an meinen Kollegen vom Marketing überleben." Erst dachte F, sein eigenes Unterbewusstsein hätte ihm etwas vorgespielt. Als aber der Marketingleiter - hinter ihm nun das Bild einer maximal schräg liegend, wohl rasend schnell dahingleitenden, strahlend weißen Segeljacht - unglücklicherweise glaubte, diesen Versprecher auch noch aufgreifen zu müssen und seinen Part mit den Worten begann. „Wir alle werden überleben. Ich zeige Ihnen jetzt, mit welch mitreißender Marketingkampage wir demnächst präsent sind", da war die ganze Euphorie grandios verraucht. Als wollte er sich für irgendetwas rächen, zeichnete selbst der älteste Monitor des Unternehmens die entgleisten Gesichtszüge der vier Herren noch gestochen scharf nach.

Da war wieder mal was „rausgeeitert".

Was für ein versöhnlicher, menschlicher Beitrag, dachte F. Dieser Versprecher schaffte doch mehr Vertrauen und Nähe als das ständige, nervend stereotype Aufzählen der vermeintlichen eigenen Stärken. Hier hatte jemand einfach nur größte Sorge oder Angst gezeigt. Natürlich, es ging ja genauso um die persönliche Zukunft eines Vorstandes. Und sehr wahrscheinlich konnte ihm seine Seilschaft nicht von einem Tag auf den anderen die passende hierarchiekonforme Alternative bieten. Er musste, wie alle anderen, irgendwann an sich denken und die eigene Haut retten. Das war auch dringend nötig. In der Präsentation war F nicht nur aufgefallen, dass der Vorstand bei aller Souveränität doch sehr angespannt und hektisch agierte. Er hatte wohl auch deutlich zugenommen und schien mit massiven Hautproblemen zu kämpfen. Wurde hier gerade jemand durch seinen Job richtig krank? Wenn das kein Grund war, überleben zu wollen.

STANDARD

„Das ist doch nicht professionell" war lange Zeit ein persönlicher Lieblingsspruch. Bis jemand sich doch mal traute und „das nervt" sagte. Mit den Jahren wird klar, man schaut bei diesen Phrasen und Sprüchen immer genauer hin. Ist es nur ein Spruch, ein Geplapper, um dabei zu sein, die Fassade, hinter der doch der gute Kern sitzt? Oder stimmen, im denkbar schlechtesten Fall, Charakter und Aussage überein?

Ja, es gibt sie einfach, diese unsensiblen Typen, natürlich überall und leider nicht nur im Vertrieb. So jemanden hört man dann auch schon mal sagen: „Wir fixen die Kunden an", wenn eine unentgeltliche Erstberatung angeboten wird, um dann nach zumeist bestürzenden Ergebnissen den eigentlichen Vertrag nachzuschieben. Oder, ein ähnliches Kaliber: „Der frisst mir aus der Hand." Stellen Sie sich vor, Sie als Kunde wüssten, dass Ihr langjähriger Geschäftspartner, dem Sie wesentliche Aufträge erteilen, so über Sie spricht. Eine weitere Zusammenarbeit wäre doch wohl hochgradig gefährdet. Denn dabei klingt ja ein feiner versteckter Unterton mit, den die Kollegen in aller Regel gar nicht bemerken. Welches „Futter" hat der Kunde erhalten? Wodurch ist er so handzahm geworden? Sensibilität und Achtung vor dem Gegenüber, das Agieren auf Augenhöhe, fehlen diesen Sprüchemachern gänzlich. Ihr großer Vorteil ist, sie merken es nicht. Erhöhen wir dieses Niveau. Konzentrieren wir uns auf das wirkliche Business mit den Kunden und das ist ja schon ein Gewinn, wenn wenigstens in den Sprüchen eine heile Welt existiert. „Wir bekommen das Geld von unseren Kunden", „Der Kunde ist die wichtigste Person in unserem Unternehmen" und „der Kunde steht immer im Mittelpunkt". In allen denkbaren Variationen die Klassiker-Sprüche überhaupt. Gleich danach folgt dann die rituelle Beschwörung des Teamgedankens in allen möglichen Formen, die durchaus auch mal selbstkritisch, ironisch erfolgt. „Team: Toll ein anderer macht's." Manchmal geht es aber auch voll daneben mit dem aufgesetzten Teamgedanken. „Ich – und auch das Team" wünschen dann schon mal gute Besserung. Wer da nicht ganz schnell wieder auf die Beine kommt, ist selber schuld. Und das geht beliebig so weiter: „Wenn wir wüssten, was wir wissen", um zu zeigen, das noch unendlich internes Potenzial zu heben ist. ‚So viel wie nötig, so wenig wie möglich', als Synonym für die optimale Ressourcensteuerung. Dazu passt auch wunderbar der beliebte Spruch des Serviceleiters an seine Kollegen: „Meine Herren, wir wollen doch diese Anlage nicht vergolden.". Im Klartext, auch wenn Ihr keine andere Arbeit habt, bleibt weg vom Kunden, denn der wird dadurch bloß zu anspruchsvoll. Oder ist gemeint, möglicherweise erkennen wir nicht früh genug, dass keine Arbeit für alle da ist, und verpassen noch den erstmöglichen Zeitpunkt, weiter zu rationalisieren? Das ist jetzt doch etwas zu polemisch und ließe fast vermuten, populistische Gewerkschaftssprüche ganz auslassen zu wollen. Nein, ein ergiebiges weites Feld, da diese Herren ja auch gerne mal die besseren Unternehmer und Verkäufer sind. Hier aber nur einen einzigen, der fast immer mit kleinen Variationen in Betriebsversammlungen fällt. ‚Und ständig wird eine neue Sau durchs Dorf getrieben!' Gar nicht so schlecht, das muss man bildlich wirken lassen.

Bewegen wir uns auf dieser virtuellen Skala der Sprüche im Mittelfeld nach oben: „Wenn es einfach wäre, bräuchten wir Sie ja nicht." Nicht unbeliebt dieser Spruch, aber zu toppen. Wie? Indem man ihn selbst benutzt. „Wenn es einfach wäre, bräuchten

Sie mich ja nicht." Wer das Eigenlob sparsamer dosieren will, antwortet aber lieber zeitgeistkonform. „Wenn es einfach wäre, bräuchte man so ein gutes Team wie uns ja nicht." Bingo, Volltreffer! Wer jetzt noch einen Gegenangriff starten will, muss sich schon was überlegen.

Und da alle Sprüchemacher zwar gerne von der Wiederholung leben, dann aber doch irgendwann spüren, „dass der Drops gelutscht ist", wechselt man endlich auch mal. „Meine Herren, schwierige Zeiten sind gute Zeiten für gute Leute."

ENDE MAI IN HANNOVER – EIN GESPRÄCH MIT DEM DOC

In Hamburg, hatte F seinen direkten Vorgesetzten doch noch als Erster persönlich informiert. Da dieser ja an dem Abend vorher nicht dabei gewesen war, konnte er seine Vorgehensweise, den Deutschlandchef direkt anzusprechen, auch halbwegs begründen. Normalerweise wäre eine solche Missachtung der Hierarchieregeln das definitive Aus für jede funktionierende Beziehung zwischen Chef und Mitarbeiter gewesen. Aber es waren turbulente Zeiten und soweit also alles in Ordnung.

In einem längeren Telefonat mit seinem Chef hatte F einige Tage nach Hamburg die weitere Vorgehensweise an den beiden Standorten, für die er verantwortlich war, bereits diskutiert. Anschließend erstellte er darüber ein vertrauliches Übergabeprotokoll, das konkret die einzelnen Schritte bis zum Austritt in jetzt nur noch knapp fünf Wochen auflistete. Es ging dabei um vier wesentliche Themen: die Kommunikation an die Mannschaft. Die Kommunikation an die Kunden. Um eine abschließende, große Geschäftsdurchsprache – die Planzahlen für den Quartalsabschluss sollten durch ausreichende Projekte abgesichert sein – und viertens, um persönliche Dinge. Alles Weitere war Kleinkram und dem unterzuordnen.

Offiziell wusste zwar noch keiner seiner Mitarbeiter, dass er den Laden verlassen würde, doch Fs Sekretärin ahnte etwas. „Seit Hamburg sind Sie so besonders guter Laune, Herr F", sprach sie ihn einige Tage später direkt darauf an. „Ich befürchte fast, Sie verlassen uns." „Aber nein, wie kommen Sie denn darauf, Frau D?", antwortete er. „Doch nicht gerade jetzt, wo wir uns in einem wachsenden Markt, mit den besten Produkten und Lösungen und optimalen internen Prozessen durch unsere Neuausrichtung so hervorragend strategisch positioniert haben, um weltweit die Nummer eins zu werden. In einer solchen Situation und derartig fantastischen Perspektiven verlässt man doch nicht das Unternehmen!" Und als sie antwortete: „Bitte nur die Neuigkeiten", war ihm klar, sie rechnete definitiv damit, dass er ging.

Für die Kundenkommunikation gab es nur einen passenden Rat. Nichts tun. Das Unternehmen stand kurz davor, sich offiziell mit neuen, wahrscheinlich amerikanischen Partnern im Markt zu positionieren. Jede persönliche Story, auch noch so gut erzählt, durfte jetzt auf keinen Fall den Kunden mit breiter Welle bekannt gegeben werden. F empfahl daher, das Thema ausschließlich persönlich zu übernehmen und möglichst geräuschlos in ausgesuchten Einzelgesprächen zu kommunizieren.

Für die kommende Geschäftsdurchsprache war F bestens gewappnet. Erstens war, dank eines erfolgreichen Megadeals, bereits kurz nach Beginn des Geschäftsjahres der Plan erfüllt. Der Vertriebskollege, der diesen Auftrag fast im Alleingang an Land gezogen hatte, versuchte gerade verzweifelt, sein Image bei dem Kunden nicht ganz zu verlieren. Er kümmerte sich, mangels interner Unterstützung, jetzt auch noch um die technischen Hürden, die bei der Realisierung auftraten. Erschreckend, wie wenig von dem, was man versprach und verkaufte, auch problemlos funktionierte. Man lebte somit von der Auftragssubstanz, und der ursprüngliche Vorsprung schmolz von Monat zu Monat ab. Solange aber eine anteilige Planerfüllung mit über hundert Prozent in der monatlichen Berichterstattung auftauchte, gehörten die Standorte zu den wenigen Leuchttürmen, die in der gegenwärtig unternehmensweiten Zahlendunkelheit aufstrahlten.

In einer derart komfortablen Situation konnte man auch noch die billigsten Argumente bei den Geschäftsdurchsprachen ungestraft nennen, getreu dem Motto: „Meine Herren, Erfolg ersetzt jedes Argument!" Nach seiner privaten Prognose würde diese Bugwelle noch sicher bis Ende Juli oder Anfang August reichen, gut einen Monat nach seinem letzten Arbeitstag. Diese Mitgift war für jeden Nachfolger mehr als okay, denn für gewöhnlich hinterließ man den Kollegen bis auf das letzte Auftragskörnchen abgeklaubte Felder und als „fairen" Ersatz dafür, riesige, ungesicherte und verlustreiche Projektbaustellen.

Und Persönliches? Nach zwei Gesprächen mit den Personalern war man sich schnell einig geworden. Er hatte den Aufhebungsvertrag bereits unterschrieben und wartete nur noch dringend auf die gegengezeichneten Dokumente.

Frühmorgens war F kurz ins Büro gefahren, um noch mit seinem kaufmännischen Kollegen die aktuellen Zahlen durchzusprechen, und hatte sich dann auf die Autobahn nach Hannover verabschiedet. Offiziell galt es, die weiteren Schulungsmaßnahmen für die Mitarbeiter gemeinsam mit seinem Chef und einem externen Coach abzustimmen.

Punkt zehn Uhr fünfundzwanzig fuhr er auf das Gelände. In fünf Minuten begann der Termin, und F war zufrieden, sich nicht erst noch lange in der frustrierenden Atmosphäre des Großraumbüros aufhalten zu müssen. Hier war mittlerweile fast jeder dritte Schreibtisch leer geräumt. Höchste Zeit, das lang diskutierte Mobile-Office-Konzept umzusetzen, Flächenkosten zu sparen und die Quadratmeter-Vorgaben für die geistige Innendienst-Legebatterie endlich einzuhalten.

Sein Vorgesetzter begrüßte ihn überaus freundlich. Seinetwegen hätte F auch keinen wirklichen Grund gehabt zu gehen. Außer vielleicht, dass er sich diesen Job ebenso selbst zutraute. Aber darum ging es nicht. Der Chef war ein höchst anständiger, integrer Mann und hatte nie die rüpelhafte Qualität anderer Führungskräfte entwickelt. Immer analytisch, kühl und abwägend, mit einem latenten Hauch von Sarkasmus. Ein Auftritt wie der seines hormongesteuerten Kollegen aus der Hanse wäre bei ihm undenkbar. Dazu agierte er viel zu intellektuell und sensibel. Ein durchgängig besseres Exemplar der Spezies Führungskraft. Seinen Spitznamen, Doc, benutzte mittlerweile fast die ganze Region.

Der Doc schloss bedeutungsvoll die Tür und bat F, Platz zu nehmen. „Sie wissen, dass ich Ihre Entscheidung respektiere, persönlich aber für unglücklich halte", begann er das Gespräch. „Denken Sie daran, Sie sind jetzt über Fünfzig, und glauben Sie mir, da steht einem die Welt nicht mehr so einfach offen!"

F sah nachdenklich auf den Fotokalender, der neben dem Schreibtisch an der Wand hing. Aus irgendeinem Grund hatte der Doc schon den Juni umgeblättert. Das Bild zeigte einen chinesischen Krieger, der sein Pferd am Zügel hinter sich führte. Darunter die kurze Erläuterung, dass es sich um eine Wächter-Tonfigur aus der Zeit des Kaisers Qin Shi Huangdi aus dem 3. Jh. v. Chr. handelte. Rechts neben dem Foto las F den kurzen Text einer chinesischen Weisheit. „Fürchte dich nicht vor dem langsamen Vorwärtsgehen, fürchte dich nur vor dem Stehenbleiben!"

„Ein ehemaliger Kollege, der vor einem Jahr auch freiwillig gegangen ist, hat mich erst neulich angerufen und sucht händeringend überhaupt einen Job", fuhr der Doc fort. Ja, damit hatte er durchaus recht, das musste nicht unbedingt gut ausgehen, dachte F. Wenn er aber jetzt noch weiter geblieben wäre, das spürte er deutlich, wäre es auf jeden Fall nicht gut für ihn ausgegangen. „Fürchte dich vor dem Stehenbleiben!"

Natürlich hätte er versuchen können, wie so viele, sich irgendwie weiter durchzumogeln, um die Jahre bis zur Rente noch möglichst zu verkürzen. Was für eine Option? So hoffnungslos konnte man doch gar nicht sein. Als er vor nicht allzu langer Zeit seiner Frau davon vorschwärmte, wie schön doch die gemeinsame Zeit früher in München gewesen sei, wie zufrieden er sich dort in seinem Job fühlte, da hatte sie ihn ganz irritiert angeschaut und gefragt. „Meinst du wirklich zufrieden? Wenn man zufrieden ist, dann doch wohl auch ausgeglichen, entspannt, ansprechbar. Man kann abschalten und sich über seine Familie freuen, wenn man nach Hause kommt!" Um gleich fortzufahren: „Wir fühlten uns wohl. Es ging uns materiell gut. Wirklich zufrieden warst du aber auch damals sicher nicht!" Natürlich widersprach er ihr sofort theatralisch, fast etwas aggressiv. Aber im Innersten wusste er, es stimmte, was sie sagte.

Vielleicht war er ja auch einfach nur zu gradlinig für diesen Job. „Sie sind nicht stabil genug!", hatte ein Ex-Chef einmal zu ihm gesagt, als er den dritten von oben verordneten Kurswechsel um einhundertachtzig Grad, in nicht einmal zwei Jahren, lauthals kritisierte. Um dann die Lösung gleich mitzuliefern: „Mensch, was regen Sie sich denn so darüber auf? Machen Sie doch einfach nur Ihren Job und tun Sie das, was Ihnen gesagt wird!"

Wer das so mitmachte und sein Fähnchen immer beliebig nach dem Wind richtete, sollte stabil sein? Mag ja sein, dass darin die Lösung für andere lag, er wollte das nicht und hatte Angst davor, nur noch aus Gewohnheit und Bequemlichkeit zu funktionieren. Qualitativ war er sicherlich in den letzten Jahren nicht schlechter geworden, aber auch nicht mehr besser. Und er hatte auch Angst davor, vielleicht in Verbitterung und Selbstmitleid zu sinken, weil er ja wohl nichts dagegen tun könne, um dann nur noch langsam in den nächsten Jahren auszuglimmen. Bandscheibe, Hörsturz, Magenleiden und Alkohol, demnächst die Namen seiner besten Kollegen? In Wirklichkeit war er also bereits vor einiger Zeit gegangen.

Der Doc musste etwas gemerkt haben, denn er lenkte gleich darauf ein. „Ich habe Ihre Vorschläge zur Überleitung des Geschäftes gelesen. Ich denke, so machen wir das. Trotzdem sollten wir die Punkte jetzt nochmals einzeln durchsprechen."

Er hatte die Vorlage bereits ausgedruckt und begann, ohne die Unterlagen aufzuschlagen. „In der ersten Zeit, bis wir einen geeigneten Nachfolger gefunden haben, werde ich persönlich Ihre Aufgabe mit übernehmen. Deshalb meine Bitte, dass Ihre Verkaufsmanager über die maßgeblichen Projekte zur Erreichung der Planwerte Ihnen einen detaillierten Status abliefern. Die Ergebnisse präsentieren Sie dann in unserer letzten gemeinsamen Geschäftsdurchsprache. Bitte wesentlich umfassender als gewöhnlich. Ich muss mich, gerade weil Sie nicht mehr da sind, auf den daraus abgeleiteten Forecast unbedingt verlassen können." Dann erst blätterte er die Titelseite um und überfolg kurz den Text. „Ja, wir sollten noch in dieser Woche Ihre direkten Mitarbeiter über den Weggang informieren. Nur dann können sie auch meine zusätzliche Anforderung einer so detaillierten Projektberichterstattung verstehen." So war der Doc. Zielorientiert und pragmatisch in der Umsetzung. Aber noch nie hatte er die Betroffenen einfach überfahren und vor vollendete Tatsachen gestellt. Er versuchte, wo immer möglich, sie in die Entscheidung mit einzubinden. Manchmal neigte er zwar dazu, etwas zu ausführlich zu analysieren und zu diskutieren, doch das war F wesentlich angenehmer als der stumpfe Befehlston anderer Vorgesetzter. Außerdem hatte er ja die Überleitung erarbeitet, und auch wenn der Doc immer wieder einer eigenen imaginären Agenda folgte und man deshalb mehrmals hin und herblättern musste, es ging doch ziemlich zügig voran. Der Termin für die Information der Mitarbeiter wurde auf kommenden Freitag, um vierzehn Uhr, als Voicemeetingkonferenz festgelegt, und nach einer längeren Ausführung über die notwendige Vorgehensweise bei der Kundenkommunikation war auch die Agenda des Chefs bei den persönlichen Themen angelangt. „Übrigens, seit letztem Donnerstag habe ich hier Ihren vom Personal- und Deutschlandchef gegengezeichneten Aufhebungsvertrag in meinem Schreibtisch deponiert. Ich dachte mir, da Sie heute ja hier sind, kann ich die Unterlagen ruhig ein paar Tage liegen lassen und Ihnen sicherheitshalber lieber direkt geben." Jetzt war F völlig fertig. Von diesen Papieren hing für ihn doch alles ab. Und im Vertrieb wusste man, solange auf dem Papier die Unterschrift nicht drauf, die Tinte trocken, das Papier in der Aktentasche verstaut und man am besten damit auch noch um die nächste Ecke verschwunden war, solange konnte alles, wirklich alles passieren. Das ganze Wochenende über hatte er gegrübelt, ob nicht doch noch was dazwischengekommen sein konnte. In dem letzten Gespräch mit dem Personalchef hatte man ganz fest vereinbart, dass ihm diese Unterlagen umgehend persönlich an die Privatadresse und nicht per Hauspost in das Büro zugesandt wurden. Aber so waren die internen Prozesse, immer gut für kleine und große Überraschungen. Wahrscheinlich hatte jemand mitgedacht.

Der Termin war bereits kurz nach Mittag vorbei. In der Niederlassung hielt ihn jetzt nichts mehr. Den ersehnten Aufhebungsvertrag sicher in der Tasche, bemerkte er auf dem Weg zurück, wie außergewöhnlich gut die Fernsicht heute war.

Ganz hinten am Horizont sah man vor dem weißblauen Himmel eine verlockend ansteigende Höhenlinie der Bergketten. Verlangten derartige Tage nicht nach besonderen Aktionen? Kurz nach vierzehn Uhr bog er am Dreieck Salzgitter in Richtung Goslar ab.

Er führte das erste Telefonat, mit seiner Frau: „Chérie, ich bin es, ich habe den unterschriebenen Vertrag in der Tasche! Werde jetzt ein wenig spazieren gehen und einen ersten Blick in die Zukunft wagen." Sie antwortete mit einer Stimme, die erkennen ließ, wie angespannt sie bereits auf das Ergebnis des Termins gewartet hatte. „Na endlich, ich freue mich für dich! Dann kann es jetzt ja nur besser werden! Habe schon eine Flasche kaltgestellt. Wann kommst du nach Hause?" Er erinnerte sich an das gemeinsame Gespräch über die Zufriedenheit. Ja, ohne sie und den beruhigenden familiären Rückhalt hätte er es sicher nicht so lange ausgehalten. Er nahm sich vor, in Zukunft seine Arbeit nur noch danach auszurichten, dass das, was ihm wirklich wichtig war – seine Frau, die Kinder, die Familie – auch im Lebensmittelpunkt blieb. Keine Wochenend-Ehe, kein nerviges Pendeln, keine ständigen Umzüge mehr, wenn gerade erst die letzte Gardine hing. Er wollte es zumindest versuchen.

Es klang manchmal etwas platt und stereotyp, wenn Kollegen davon sprachen, wie wichtig eine funktionierende Familie im Hintergrund einer Managerexistenz sei. Die Frau an der Seite des erfolgreichen Mannes war bei jedem Jubiläum und jeder Verabschiedung einen besonders großen Strauß Blumen wert. Die Dankesreden der Ehemänner endeten aber oft in tiefster

Peinlichkeit: „Ohne dich hätte ich es all die Jahre nicht gekonnt, wirklich nicht. Du hast mich immer aufgefangen und
wieder aufgebaut, wenn es mal auch nicht so gut lief. Ich dan-
ke dir dafür von ganzem Herzen!" Kuss und feuchte Augen. In
Wirklichkeit hatte sie ihn all die Jahre gut bekocht, das Haus
sauber und die Kinder ferngehalten, hatte nur kurz versucht,
seine skurrile Arbeitswelt zu verstehen, und sich damit abge-
funden, dass er mit den Jahren immer sonderlicher wurde.
Und alle Anwesenden außer ihr wussten zudem, dass für ihn
die Firma auch emotional, sozusagen beziehungstechnisch,
mehr geboten hatte, als er jetzt preisgab.

Für F waren solche Liebeleien nicht verwerflich oder besonders schlimm. Er hatte sogar durchaus Verständnis dafür,
wenn der eine oder die andere sich im Unternehmen viel näher
kamen, als es der reine Job verlangte. Oft waren bei diesen
firmeninternen Verbindungen aber zwei Auswirkungen zu
beobachten, die ihn abschreckten und auf die er gerne verzichten konnte: Lächerlichkeit und, schlimmer noch, späterer
Streit bis zur Niedertracht.

Die meisten Liebenden glaubten felsenfest, niemand aus dem
Unternehmen würde je etwas mitbekommen. Sie waren sich
auch dann noch ganz sicher, wenn neue Praktikanten bereits
nach dem ersten Arbeitstag lauthals davon erzählten. Man
war total blind und machte sich einfach unendlich lächerlich
damit, nicht Farbe bekennen zu können.

Den verrücktesten Fall dieses Selbstbetruges hatte er bei einem weit zurückliegenden Besuch im Headquarter erlebt.

Sein Chef und er waren im Morgengrauen eingeflogen, um persönlich dem obersten Kaufmann ein wichtiges Projekt vorzustellen. Es ging um richtig viel Geld. Er sollte ein erstes Angebot freigeben und stand bislang aber kräftig auf der Bremse. „F, die Nuss knacken wir nur vor Ort", formulierte sein damaliger Chef die spontanen Reisepläne. „Bis morgen, im ersten Flieger." Zuerst sah es auch an diesem frühen Morgen nicht besser aus. ‚Wenn, aber, vielleicht', die Zeit verstrich ohne erkennbare Anzeichen, dass doch noch eine Zusage erfolgte. Da spielte plötzlich ein Handy in der lieblichsten Art und Weise eine kleine Melodie. Damals die technische Errungenschaft überhaupt, ganz neues Feature, das hatten nur die höchsten Bosse. Es war aber nicht das Arbeitshandy des Kaufmanns, das lag offen auf dem Schreibtisch. Auf einmal war er ganz aufgeregt. Er nestelte das immer noch flötende Vögelchen aus seinem Jackett, ging quer durch den Raum in die hinterste Ecke am Fenster und hockte sich tuschelnd hin. Fs Chef schaute ihn an und grinste über das ganze Gesicht, sein Daumen ging hoch. „Ja, habe … Schatz! War wunder … Ja! Natürlich, … möglichst … wieder, … nächste Sitzung …", war aus der Ecke bruchstückhaft zu hören. Jetzt verstand F auch, was los war. Oh wie megapeinlich, hoffentlich würde er nicht anschließend noch irgendetwas von Ehefrau oder dringendem Anruf faseln. Doch er unterschrieb einfach nur.

Auf dem Rückflug fragte F seinen Chef. „Warum hat er auf einmal unterschrieben? Weil es ihm peinlich war? Wollte er unser Schweigen erkaufen? Oder war er emotional nicht mehr bei der Sache und hatte all sein vorheriges ‚Wenn, aber, vielleicht' einfach vergessen?" Seine Antwort: „F, ist doch jetzt so was von egal, wir haben die Unterschrift!" Um kurz darauf süffisant nachzusetzen: „Ich könnte Ihnen aber schon sagen, wie die Dame heißt und aus welcher Niederlassung der Anruf kam."

Als er an Goslar in Richtung Bad Harzburg vorbeifuhr, rief F seine Sekretärin an: „Hallo Frau D, bin bereits auf der Rückfahrt. Komme heute aber nicht mehr ins Büro. Sie brauchen also nicht zu lüften." Sie hatte diese Anspielung sofort verstanden und antwortete „Schade Herr F, ich hätte Ihnen sonst gerne noch den besten asiatischen Tee gereicht."

Lächerlichkeit ist relativ. Wenn einen etwas nicht wirklich stört, was macht es dann aus, wenn alle anderen in der Firma ihren Klatschspaß haben? Aber so einfach bleibt es oft ja leider nicht. Wie im wahren Leben gehen solche Liaisons nicht immer harmonisch aus, und dann agieren Beteiligte schon mal mit unglaublicher Niedertracht. Den für F hinterhältigsten Fall hatte er rein zufällig mitbekommen. Es fing ganz harmlos an. Eine allseits firmenbekannte Liebschaft zwischen einem Bereichschef und seiner Angestellten in einer kleinen, fernen Niederlassung. Dieser kümmerte sich natürlich besonders intensiv um die Geschäfte dort vor Ort. Mittlerweile wusste man sogar, wo das Hotelversteck lag und wann und wie oft es frequentiert wurde. Die bekannte Selbsttäuschung eben, „davon merkt doch keiner was". Dann wurde unser Bereichschef aber wohl der Sache überdrüssig. Sei es, die eigene Ehefrau hatte etwas gemerkt und machte Druck oder es hatte sich einfach, in einem näheren Standort, eine bessere Gelegenheit aufgetan. Wie auch immer, das Thema musste schnell und elegant beendet werden. Eines Abends war F zu einer Veranstaltung eingeladen, bei der auch mehrere gute Kunden anwesend waren. Anschließend unterhielt er sich noch länger mit einem von ihnen, dem Personalchef eines kleineren Unternehmens. Sie hatten sich schon verabschiedet, da rief dieser ihn nochmals zurück. „Also F, wenn Sie Herrn ...", er nannte den Namen des Bereichsleiters, „sehen, einen schönen Gruß von mir. Er soll doch die Mitarbeiterin, von der er sich wohl leider wegen der kompletten Verlagerung der Abwicklung in die Zentrale trennen muss, einfach bei Gelegenheit mit ihren Bewerbungsunterlagen zu mir schicken. Aber sagen Sie ihm bitte auch, so wie von ihm vorgeschlagen, nur pro forma einstellen, um sie dann nach zwei oder drei Monaten wieder zu entlassen, so etwas machen wir nicht."

Ist doch schön, wenn man als Vorgesetzter die Organisation flexibel anpassen kann und zumindest für einige Zeit einfach keinen Bedarf für bestimmte Tätigkeiten an einem Ort schafft.

Wie nennt am diesen Plan? Fürsorglich eine neue Arbeitsstelle suchen und im Guten auseinandergehen? Wenn die Mitarbeiterin dann erst einmal anderweitig untergebracht ist, braucht man vielleicht demnächst doch wieder eine Abwicklung vor Ort und kann einer anderen Kollegin Gutes tun.

Bad Harzburg lag bereits hinter ihm und er kurvte bis hoch nach Torfhaus. Noch ein kurzes Telefonat: „Hallo, Herbert, du, ich bin in gut vier Wochen weg, du solltest sehen, meine Standorte mit zu übernehmen." Diesem Kollegen vertraute er.

Dann parkte F den Wagen. Bestimmt gab es schon vor ihm Menschen, die im feinen Zwirn und Halbschuhen auf den Brocken gewandert waren. So euphorisch wie er fühlten sich dabei sicherlich nur wenige. Für den Aufstieg wählte er den deutlich längeren Weg über den ehemaligen Grenzstreifen. Immer wieder tauchten alte Erlebnisse und Bilder aus den vergangenen Berufsjahren spontan in seinen Gedanken auf. Da gab es ja noch einiges wegzulaufen. Oben angekommen, fühlte er sich unter all den kniebestrumpften Ausflüglern, die gerade aus der noch mächtig schnaufenden Dampflok kletterten, wie ein Alien auf Erkundungstour auf einem fremden Planeten. Das alles konnte nicht besser zu seiner Stimmung passen.

Jetzt bestimmte er endlich wieder seinen Weg allein. Er genoss die herrliche Aussicht, als läge die persönliche Zukunft mit all den Tausend Möglichkeiten ausgebreitet vor ihm.

ADVANCED

Jetzt sind wir voll und ganz auf der erweiterten Stufe der Geschäftsebene angekommen. Hier enthalten einige Sprüche sogar bereits erste Andeutungen von Weisheiten.

In diese Abteilung der optimistischen Geschäftssicht, der souveränen Selbstverklärung, gehört auch: „Wer aufhört, besser sein zu wollen, hört auf, gut zu sein." Die Aussage bleibt als Anforderung an lebenslanges Lernen eigentlich noch dezent zurück. „Wo wir sind ist vorn", knallt schon eher wie ein Peitschenhieb die trägen Kollegen voran. Und im Wettbewerb mit externen oder internen Gegnern ist das Statement: „Da müssen schon Panzer kommen und kein Schrott", immer ein Beweis der eigenen Coolness und Siegesgewissheit. Wissen Sie überhaupt, wie man einen großen Job erledigt, ein komplexes Projekt, eine anspruchsvolle Umstrukturierung? „Machen Sie es einfach so, wie Sie auch einen Elefanten essen würden." Was denn, das ist kein wertvoller Ratschlag für Sie? „Meine Herren, wie isst man einen Elefanten? Scheibe für Scheibe!" Und dann kann der Depp mit dem wertvollen Rat im Gepäck nach Hause ziehen und wird so schnell auch nicht mehr fragen. Und da ist es wieder, das Spannende an diesem Job. Jeder ist sein eigener Entertainer, textet seine eigene Rolle, spricht souverän auch über Dinge, die er nicht wirklich durchblickt, und verschwendet dabei keinen Gedanken daran, dass er sich vielleicht selbst veralbern könnte. Es geht besser. Ein prägnantes Bild, wie man seine Situation erklären kann, ist das folgende Statement: „Wenn die Karre bereits im Dreck sitzt, schwingt der Kutscher die Peitsche doch nur noch über dem Pferd, das noch festen Tritt hat." Soll heißen, alle anderen Bereiche sind schon in den roten Zahlen, also quetscht man mich, den Besten, noch weiter aus. Es gibt sie also auch, durchaus intelligente, angemessene Sprüche, die eine Situation bildhaft klarstellen und wie hier durch ein Pferdeschicksal aufzeigen, wie es um einen steht. Ja: „Ein Bild – oder ein Spruch? – sagt mehr als Tausend Worte."

Es gibt aber auch Kollegen, die sich lieber indirekt beteiligen und mit einem gehörigen Maß an Selbstironie und Sarkasmus durchaus sympathisch in das Tagesgeschäft einbringen. Dann wird schon mal ernsthaft von einem „kleinen, unbedeutenden Millionenauftrag" gesprochen, oder man feiert vehement die „rasante, atemberaubend schnelle Angebotserstellung" und dass es gelungen ist, „dem Kunden ein einmalig farbiges Angebot bereits nach zwölf Wochen zu unterbreiten". Solche Äußerungen kann man als gezielte Systemkritik zwar sehr genießen, leider bleibt dabei immer ein leicht säuerliches Grinsen übrig. Nur ein Ventil, an der Situation ändern diese Botschaften auch nichts.

„Aus der Praxis für die Praxis", dem langjährigen, fachlichen Profi glaubt man schon mal diese Behauptung. Stellen Sie sich aber vor, so redet jemand daher, der keinerlei Erfahrung mit dem Thema hat und trotzdem davon überzeugt ist, der Heilsbringer zu sein. Noch ein Rat aus der Praxis, um Beruf und Familie harmonisch miteinander verknüpfen zu können: „Nach der Arbeit lege ich gedanklich alle Probleme in eine große Schublade, schiebe diese ganz fest zu und schließe doppelt ab. Dann bin ich nur noch bei meiner Familie und das tut uns allen so gut!" Verzeihung Kollege, liegen Handy und Notebook auch in deiner spruchstichigen Kommode? Warst du es nicht, der gerade zwei Tage vorher stolz allen erzählte, wie du den ganzen Urlaub durch, auch in den höchsten Bergen, noch beruflich telefoniert und den Laden gemanagt hast?

Zum Ausklang in diesem Abschnitt unseres Sprüche-Potpourris zwei Beispiele aus Bewerbungsgesprächen. Ein Bewerber auf die Frage, warum man gerade ihn einstellen solle: „Ja meine Herren, die anderen brauchen wahrscheinlich irgendeinen Job, aber ich bin hier, weil ich genau diesen will." So sortiert man im eigenen Interesse schon mal grob vor. Gerne wird von einigen Vorgesetzten dann auch nach dem persönlichen Lebensmotto gefragt. Hoffentlich ist Ihnen der aktuelle Kalenderspruch für den Tag, und sei er auch noch so platt, präsent. Oder versuchen Sie es doch einfach ohne Spruch und antworten Sie: „Ein persönliches Lebensmotto? Tut mir leid, das habe ich nicht. Aber ich lebe sehr erfolgreich und glücklich einfach in den Tag hinein!" Ich garantiere Ihnen, mit einer solchen Antwort kriegen Sie diesen Job nie.

Fertig – Über die innere Anspannung einer Organisation

Bereits fünf Minuten vor Beginn des Voicemeetings hatten sich die meisten Kollegen eingewählt. Sie ahnten zwar, dass etwas Wichtiges bekannt gegeben werden würde, wussten aber nichts Genaues. Frau D hatte dichtgehalten und F auch nichts anderes erwartet. Heute flog der Doc eine besonders lange Schleife. Er zählte zuerst alle in den vergangenen Monaten an den Standorten gewonnenen Projekte auf, kam dann zu den noch in der Pipeline befindlichen, die man unbedingt auch noch gewinnen müsse, um schließlich doch ziemlich unvermittelt anzusetzen. „Sie wissen ja, wie sehr wir die von Herrn F geleistete Arbeit schätzen. Leider muss ich Ihnen aber heute mitteilen, er wird in Kürze das Unternehmen verlassen." Die Überraschung der meisten Kollegen war durch die Telefonleitungen spürbar. Die wenigen, die sich mit F zu diesem Zeitpunkt im Büro befanden, standen von ihren Plätzen auf und schauten über die kommunikationsfreundlichen, halbhohen Schränke zu ihm hinüber. In manchen Blicken glaubte er, einen Hauch von, „Warum werden wir so verraten?" oder „Muss ein Kapitän nicht bis zum Untergang als Letzter an Bord bleiben?" zu spüren. Als der Doc dann auch noch ausführlich darauf einging, dass man jetzt unbedingt, möglichst schnell, einen geeigneten Nachfolger für die beiden Standorte finden wolle, er könne nur zwischenzeitlich diese Aufgabe zusätzlich übernehmen, da wurden die Fragezeichen in den Gesichtern der anwesenden Kollegen noch sichtbarer.

Bislang hatte man die Führungsriege in den in immer kürzeren Abständen heranbrausenden Abbauwellen konsequent ausgelassen. Das verstand kein Mitarbeiter. Das Bild vom Ruderer und den acht Steuerleuten ging als Fun-Mail durch die Abteilungen. Im Gegenteil, es wurden sogar immer neue Positionen und Ebenen zusätzlich eingeführt. Das sollte Kostentransparenz schaffen und die Fokussierung auf neue Geschäftsfelder vorantreiben. „Schwierige Zeiten verlangen enge Führung", hieß die Erklärung, warum manche Vorgesetzte lediglich einen Mitarbeiter führten.

F hatte dabei immer sein eigenes Bild im Kopf. Auf der einen Seite stand die knorrige und bereits etwas gebeugte Schar der verbrauchten, alten Garde. Langsam versanken ihre grauhaarigen Vertreter in der Eintönigkeit eines nebeligen Moores. Demgegenüber sah er auf der anderen Seite des Gemäldes, auf schnittigen, blendend weißen Jachten, die neuen, smarten Repräsentanten der Zukunft. Strahlend lächelnd, agierten sie in wachsenden Märkten mit hoch motivierten Mitarbeitern, besten Lösungen und optimalen internen Prozessen und schauten siegessicher auf das vor ihnen liegende Meer. Darüber schwebte, das vom Widerschein des Wassers türkisfarben gefärbte Logo der Company. Dort endete auch ein magischer Strahl, an dessen Anfang, weit hinten am Horizont, auf einem Leuchtturm eine kleine, rotierende Eins blinkte.

Die Idee, durch diese Zweigleisigkeit der Organisation das herkömmliche Geschäft „auszucashen", überflüssige Ressourcen frühzeitig erkennen und abbauen zu können und parallel dazu die neuen Felder aufzubauen, war ja nicht schlecht. Blöd war nur, dass man wirklich glaubte, die Verunsicherung beim Kunden würde sich in Grenzen halten und die Kollegen dort fein brüderlich abgestimmt gemeinsam agieren. Der Druck auf die einzelnen Vertriebseinheiten war aber so immens groß, dass nachvollziehbarerweise kein Mensch wirklich kooperativ agierte. Was der Erste mühsam aufbaute, riss der Zweite konsequent gleich wieder ein, denn seine Zielvorgabe verlangte etwas ganz anderes. Es wurde intern unendlich darüber diskutiert, wer jetzt wie, wo und wann beim Kunden auftreten dürfe und ob man überhaupt für sein Tun und Lassen irgendeine Verantwortung übernehmen müsse. Auf allen Ebenen tobte ein erbitterter Kampf um die persönlich vorteilhafte Definition von Bestands-, Erweiterungs-, Neu- oder strategischen Branchenkunden und die Bewertung der dort erzielten Aufträge.

Das waren Goldgräberzeiten für interne und externe Coachs und Consulter, die ihren Teil zu der allgemeinen Verwirrung beitrugen. Wenn diese Herren die Nebelwand der Zukunft mit charismatischen Röntgenaugen durchdringen und den Zurückgebliebenen ihre abgehobenen Visionen vermitteln, dann wird es oft erst wirklich unterhaltsam. F hatte mal so richtig geärgert, als ihm jemand aus dieser Fraktion ernsthaft vorwarf, den Markt nicht maximal auszuschöpfen. „Aus der Geschichte, gerade der eigenen Company, kann man doch lernen, dass die heutigen Kleinen in einhundert Jahren zu ganz Großen werden. Und die weltbekannten Gründungen aus dem Silicon Valley zeigen doch auch, dass das bereits innerhalb von zwanzig Jahren passieren könne. Nach meiner Analyse haben sich Ihre Accountmanager um Start-ups überhaupt nicht ausreichend gekümmert!" Wie bitte, dachte F. Wir haben keine Einhundert- oder Zwanzig-Jahres-Abschlüsse, es geht auch nicht um Jahre oder vielleicht Halbjahre. Quartale und Monate waren die Deadline! Da sollte uns die innovative Fünf-Mann-Bude in der schäbigen Hinterhofgarage mit ihren drei zusätzlich georderten gebrauchten Bildschirmen retten? Die Idee des Consulters, mit den Kunden zu wachsen, war ja gar nicht so verkehrt, aber schlichtweg praxisfern. Kein Mensch hatte die Zeit, kontinuierlich Geschäftsbeziehungen zu entwickeln. Spätestens nach zwei Jahren wirbelte die nächste Organisationsänderung wieder alles durcheinander. Und ähnlich wie so viele Führungskräfte, hatte dieser Consulter, vor lauter akademischer Verantwortung und weltfremdem Nachdenken, von der Realität draußen, den Hürden im täglichen Prozess, den knappen Ressourcen, null Ahnung. Und warum? Weil diese Herren nie ihr Königs- oder Beratergewand ablegten und mal einfach aufmerksam durch die Lande reisten und einfach nur zuhörten.

In den wenigen Fällen, in denen man dann doch neue Themen angehen konnte, patzte man durch eigene Unfähigkeit im Backoffice. So konnte die Erstellung eines Angebotes über ein strategisches Servicethema durchaus mehrere Monate oder sogar Quartale dauern. Verbindlich zugesagte Termine wurden oftmals verschoben oder mit gänzlich nutzlosen Zwischenständen gefüllt, da man die Kundenanforderung vollkommen falsch verstanden hatte. Am Ende verschwand ein dicker Packen Papier, gefüllt mit allen verfügbaren, maritimen Marketingsprüchen irgendwo in einem halbhohen, kommunikationsfreundlichen Schrank. Ein Wunder, dass sich davor nicht kleine, an den Rändern salzverkrustete Pfützen bildeten. Das hineingepumpte Geld waren diese Ergebnisse jedenfalls nicht ansatzweise wert. Und der Kunde? Der war schon längst genervt weitergezogen und hatte sich anderweitig festgelegt. Manchmal merkte man selbst das aber noch nicht einmal.

Und wieder wurde zentral nachgedacht, zügig gehandelt und in der internen Prozesskette ein Flaschenhals, der Bid-Manager und Angebotskoordinator, eingebaut. Auf dessen Schreibtisch sollten alle diese internen Konflikte bereits frühzeitig abgefangen und entschieden werden, und damit sollte sich die Qualität und Durchlaufgeschwindigkeit erhöhen. Er hatte in dem gesamten Angebotsprozess, nach Auftragsgewinn sogar bis zur Übergabe an die Projektleiter, alle Termine und Dokumentationen zu koordinieren und zu controllen. Man hätte ihm ebenso auftragen können, einem Sack voller Mücken den komplizierten Jubiläums-Formationsflug zur 150-Jahr-Feier der Company beizubringen. Er war ab sofort der ärmste Hund von allen. Bemitleidenswert, wie diese Kollegen in kürzester Zeit verschlissen wurden. Die einzige Absicherung gegen die von allen Seiten auf sie einprasselnden Anfeindungen bestand darin, zum eigenen Schutz noch mehr Dokumentation einzufordern. Wann wurde dieses Projekt in die Projektliste eingestellt? Haben Sie das ‚EBIT-Berechnungsblatt' mit den entsprechenden Unterschriften beigefügt? Liegt überhaupt eine Freigabe der Regionsleitung vor? Die Möglichkeiten, hier eine einfache, eigentlich schnell zu bedienende Kundenanfrage abzublocken, waren gigantisch vielfältig und wurden, system-immanent, immer weiter perfektioniert. Der ganze Laden brummte und summte auf allerhöchsten Touren. Es kam nur nichts dabei heraus. Man war atemlos hetzend mit sich selbst beschäftigt.

Einige Kollegen hatten diese Verhältnisse immer wieder offen angesprochen und grundlegende Verbesserungen für mehr Kundennähe vorgeschlagen. Geändert hatte sich aber nichts.

Interessanterweise gab es noch in jeder Abteilung, jeder Region oder jedem Bereich einige wenige Kollegen, die trotz all der Unzulänglichkeiten dann doch das Unmögliche versuchten und die Kunden zufriedenstellen wollten. Diese Kollegen arbeiteten mit einem unglaublichen persönlichen Elan und Einsatz und kompensierten damit, zumindest teilweise, die internen Reibungsverluste. Das waren Vertriebskollegen, die einen so außergewöhnlich guten, persönlichen Kontakt zu ihren Kunden hergestellt hatten, dass diese trotz aller Ärgernisse mit dem Unternehmen den nächsten Auftrag dann doch wieder erteilten. Oft mit der nachdrücklichen Anmerkung, nicht dem Unternehmen, sondern ihrem vertrieblichen Betreuer den Auftrag zu erteilen, und am liebsten hätten sie das auch noch schriftlich so formuliert.

Das waren Sekretärinnen oder, wie es offiziell hieß, Team-assistentinnen, die die krassesten Fehler ihrer Vorgesetzten immer wieder gekonnt abmilderten und so deren schlimmste negative Wirkung auf Kunden und Mitarbeiter verhinderten.

Das waren Servicekollegen, die trotz strengstem Verbot und drohender, persönlicher Konsequenzen ihre Handynummer den Kunden gaben und im Ernstfall, wieder einmal mitten in der Nacht, doch direkte Notfallhilfe leisteten. Die Zeiten, als der Service auch die Funktion eines Kontaktbereichsbeamten hatte, waren definitiv vorbei. Kein Small Talk über den Gartenzaun hinweg, keine Diskussion, die nicht im Leistungskatalog unter einer festen Kennnummer zu verbuchen und zu verrechnen war. Ähnlich wie man in ländlichen Gebieten gerne möglichst weit entfernt wohnende Polizisten einsetzt, um jeden Dorfklüngel zu verhindern, sollte der Servicekollege geräuschlos die Sache durch den Hintereingang regeln. Eigentlich hatte das System bereits versagt, wenn eine Störung überhaupt vor Ort behoben werden musste. Nur durch die ständige Erhöhung der so genannten Remotequote und die damit möglichen weiteren Personaleinsparungen konnte ein Serviceleiter noch an seinem persönlichen Aufstieg arbeiten.

Das waren Kaufleute oder Controller, die sich nicht ständig nach oben absicherten, den Gesamtrahmen einer Kundenbeziehung erfassen konnten, unternehmerisch dachten und dann auch so entschieden.

Das waren Projektleiter, die rund um die Uhr dafür kämpften, einen fast unmöglichen Projektauftrag in Zeit und Qualität zu realisieren. Die aus großer Not heraus, ohne weiter lange zu diskutieren oder intern zu betteln, wo welche Ressourcen dann vielleicht doch noch möglicherweise frei wären, in die für sie größtmögliche Falle tappten, nämlich alles, was sie auch nur ansatzweise selber machen konnten, auch selbst zu erledigen. Im denkbar ungünstigsten Fall führten ihre fundierten technischen Kenntnisse zu umfangreichen To-do-Listen, die zu weit über 80 Prozent ihren eigenen Namen enthielten. Und damit hatten sie schon von Beginn an hoffnungslos verloren. Alle Fehler, technisch oder kaufmännisch, alle Kundenbeschwerden, wirklich alle Probleme gingen jetzt zu ihren Lasten. Traten aber Erfolge ein, so wurden diese immer zügig von den Vorgesetzten sozialisiert.

Für F waren Projektleiter die potenziellen „Opferlämmer" der Organisation. Gerne mit viel Vorschusslob implementiert, übertrug man ihnen bei der pompösen, feierlichen Ernennung umfassende Hoheitsrechte zur Realisierung der verkauften Lösung. Dann lehnten sich alle schnell entspannt zurück und ließen den frisch geadelten Kollegen munter wirken. Die aufgestellte Projektorganisation, der darin benannte Lenkungsausschuss, all das war aber oft mit Niederschrift bereits Makulatur. Denn trotz aller Beschwörungen, den Projektleiter als einzig Verantwortlichen zu akzeptieren, konnten viele Führungskräfte diesen persönlich empfundenen Machtverlust nicht ertragen. So nutzten sie jede Chance, offen oder versteckt, zu intervenieren. Man blockierte einfach alle Ressourcen mit anderen, angeblich wichtigeren Themen. Seine letztendlich doch von höchster Ebene frei gezwungenen Mitarbeiter setzte man dann wenigstens noch als gedungene Spitzel ein, die auch vom kleinsten Fehler des Projektleiters sofort ausführlich Bericht erstatten mussten.

Ein lockerer Spruch über die fehlende, wesentliche Fähigkeit des Projektleiters, die Aufgaben im Unternehmen zielgerichtet zu delegieren, rundete das Ganze harmonisch ab.

Diese wenigen Kollegen gehörten aus Fs Sicht auf eine „Rote Liste" im Unternehmen. Ähnlich wie sich im Naturschutz selten gewordene Exemplare durch ihre Lebensart und ihre persönliche Einstellung ständig in höchster Gefahr befanden. Konsequenterweise standen sie dann bei den Abbauwellen auch regelmäßig als Erste auf den Listen.

Nun, als der Doc davon sprach, dass es galt, diese „unterlastete" Führungsstruktur, diese kleingliedrige Prozessaufspaltung und allgemeine Absicherungskultur auch zukünftig, allerdings mit deutlich weniger Personal, weiter in Demut zu ertragen, fühlte F sich in seiner Entscheidung nochmals kräftig bestätigt. „Meine Herren, entweder Kopf einziehen oder ab ins Moor."

MARKETING UND MOTIVATION

In diese Rubrik fallen alle von der Marketingabteilung erstellten Imagesprüche und Werbekampagnen. Aber diese zum Teil brillanten Ergebnisse beziehen sich ja in erster Linie auf die Vermarktung und Außenwirkung des Unternehmens. Natürlich auch mit dem Nebeneffekt, den Mitarbeitern ebenso zu imponieren und für ihre Firma einzunehmen. ‚Hast du den neuen Fernsehspot schon gesehen? Der ist doch spitze!' Die eigentliche Identifikationskampagne läuft aber direkter ab und dieser Teil kennzeichnet ja auch viel mehr das Verhältnis zwischen Oben und Unten. Um die direkte Motivation der Mitarbeiter geht es beispielsweise in Kick-off-Veranstaltungen am Beginn eines Geschäftsjahres.

Was macht man, wenn alles mal wieder so richtig auf den Kopf gestellt wurde, neue Strukturen, neue Chefs, alles ist anders? Richtig, die Mannschaft muss schnellstens Gewohnheiten und Routinen entwickeln, sich heimisch und nicht länger verloren fühlen, sich auf den eigentlichen Job konzentrieren. Und da helfen nun einmal professionell vorbereitete Motivationsveranstaltungen, Massenaudienzen, in denen auch die Vorstände zum einfachen Volk sprechen. Klare Botschaften und Ziele und das alles sehr ansprechend verpackt in großartigem Ambiente. Glücklich, wer heute noch Sportarenen, Stadien, Opern, Flugzeughangars oder Freizeitparks komplett füllen und auch bezahlen kann, um mit den bekanntesten TV-Moderatoren durch den Tag oder Abend zu führen.

Und dann beginnt die Veranstaltung mit dem treibenden Motto für die nächste Saison. „Leinen los", haut noch keinen so richtig vom Hocker. Na und, dann dümpelt der Kahn also noch im Hafen. „Neuer Kurs voraus", das klingt schon besser, man ist bereits prächtig unterwegs. Und der nächste Hafen hat auch einen Namen: „Nummer eins." Mit „Hart am Wind" und dem dazugehörigen Bild eines die Regatta souverän anführenden Segelschiffes vermittelt man die aufmerksame Spannung einer glücklichen Crew, perfektes Timing eines eingespieltes Teams. Jeder Handgriff sitzt exakt, gerade so wie im eigenen Unternehmen. Man führt, liegt weit voraus vor dem Wettbewerb. Aber Vorsicht, Bilder sind interpretierbar. Selbst die unsensibelste Landratte ahnt vielleicht im Hinterkopf bereits: ‚Hart am Wind', da muss unsere Jolle zwar nicht demnächst gleich den Kiel nach oben strecken, aber die eine oder der andere könnte beim wilden Ritt über die brausenden Wellen schnell mal über Bord gehen. Ob dann die Sicherungsleine wirklich rettet? Zusammenstehen, gemeinsam kämpfen, stark und erfolgreich sein. Der alleinige Spitzenreiter bei der passenden Motivsuche für diese Aussagen ist nun mal das unendliche Meer, der Quell allen Lebens auf unserem blauen Planeten. Geben Sie es zu, Sie würden auch ähnliche Motive und Parolen wählen, um Zug in die Mannschaft zu bringen. Und das ist auch nicht schlimm, wenn es wirkt.

Und es gibt noch eine weitere, manchmal sogar richtig gute und überzeugende Art und Weise, über Erfahrungen, Erkenntnisse oder Lebensweisheiten zu berichten und die Mannschaft zu motivieren. Natürlich wird der Auftritt auch hier immer subjektiv empfunden. Die Zuhörer werden unterschiedlich begeistert sein, wenn ihnen der durchgehagerte Extremsportler, die begnadete Opernsängerin, der beliebte Fernsehkoch, der Internet-Guru mit Pferdeschwanzfrisur, der graubärtige Ex-Mönch, noch immer in einfacher Kutte, oder der berühmte Leibarzt entgegentritt und über persönliche Erfahrungen, das Leben, Leiden oder was auch immer Bewegendes spricht.

Das Fazit des Abends findet sich dann in einem hölzernen Kasten mit Lebensweisheiten des Mönchs oder anderer Eremiten, einem Koch- oder Gesundheitsbuch mit Motivations- und Essensregeln und der fettverbrennenden Erkenntnis: „Lächle bei beschwingtem Lauf", der in Form eines Bildschirmschoners mitgegebenen Weisheit, dass „sich Geld in verschiedenen Behältern sammeln lässt", und weiteren, mehr oder weniger hilfreichen, geistigen Mitbringseln, die dann auf Schreibtischen, in Regalen oder auf den Bildschirmen der Teilnehmer ihre segensreiche Wirkung multiplizieren sollen.

Erster Montag im Juni – Verkrampft?

Nach der Telefonkonferenz ging es erst richtig los. Alle stürmten auf ihn ein. Warum er? Natürlich könne man es nachvollziehen! Ob er denn schon eine neue Aufgabe habe? Dann folgten die Telefonanrufe und identischen Fragen von den Kollegen, die sich von unterwegs oder anderen Standorten eingewählt hatten. Immerhin, über das Wochenende beruhigte sich die Situation bereits ziemlich schnell. Man war mittlerweile gut auf Überraschungen eingestellt.

F fühlte sich entspannt wie selten zuvor. Jetzt erst spürte er, wie bei aller Coolness und Abgeklärtheit trotzdem ein riesiges Paket auf seinen Schultern gelastet hatte. Er schwebte geradezu an diesem Montagmorgen ins Büro. „Na, Frau D, heute schon gelüftet?" Als er vor einigen Jahren diese Niederlassung erstmalig kennenlernte, war sein Gesprächspartner, Ds damaliger Chef, gerade von einem längeren Auslandsaufenthalt zurückgekehrt und lebte anscheinend noch ganz in seiner fremden asiatischen Welt mit Chauffeur und palmwedelnder Dienerschar. Damals fielen diese bedeuten Worte. „Ich verlasse für zwanzig Minuten das Büro. Öffnen Sie jetzt das Fenster, Frau D, lüften Sie dann kräftig durch und bereiten Sie mir anschließend meinen speziellen Nachmittagstee." F wurde damals von seinem kaufmännischen Kollegen begleitet. Und so wie dieser ihn ansah, die jüngste kaufmännische Führungskraft aller Zeiten, hoch gepriesener Hoffnungsträger einer neuen Controller-Generation, wusste er, hier wurde gerade mal wieder ein jung-dynamisches Weltbild nachhaltig erschüttert. Wie sich doch die Erfahrungen wiederholten. Aber auf der anderen Seite war auch ein toller Insiderspruch entstanden und F erinnerte sich dabei immer reflexartig an seine zu Beginn der Ausbildung empfundene Bestürzung über dieses abgehobene Führungsverständnis, weit über den Wolken und ohne Bodensicht.

Und er hatte sie noch viel besser kennengelernt. Herren, die ihre Hierarchiestufen wie Orden präsentierten, heimlich die Größe der Büros nachmessen mussten, niemals in der Bahn die zweite Klasse benutzen würden und selbstgefällig, von oben herab, die Mannschaft dirigierten. Die selbstverständlich den kürzesten Weg zum Kunden nur mit dem Auto zelebrierten und auch dann noch nicht zu Fuß gingen, wenn die Anfahrt durch die Einbahnstraßenregelung der Stadt mindestens das Dreifache an Zeit beanspruchte. Nur so hatte doch der Kunde die einmalige Chance, die Klasse und Größe der eigenen Limousine bewundernd zur Kenntnis zu nehmen, glaubte man. In Wirklichkeit parkten sie auch schon mal ziemlich dämlich andere Vorstandskollegen ihres Kunden ein. Die platzten dann ärgerlich in den Termin und erzwangen eine zügige Korrektur und Rangierpause. Auch eine Art der Kontaktaufnahme.

Und F hatte immer gemeint, diese Welt müsste doch irgendwann aussterben. Das war aber nur äußerlich geschehen, das System hatte sich verpuppt und ein neues, eloquenteres Kleid übergestreift, der eigentliche Kern blieb gleich. Und jetzt gehörte F auch dazu und beruhigte fast väterlich seinen aufgeregten, jungen kaufmännischen Kollegen.

Doch an diesem ersten Montagmorgen im Juni agierte er seit langem wieder mit einer herrlichen Unbeschwertheit. Jugendlich, locker und leicht, so hatte er vor vielen Jahren seine berufliche Entwicklung begonnen. Ihm blieben noch vier Wochen bis zum Arbeitsende, und es gab eine Menge zu tun. Er schwor sich, seine wiedergewonnene, innere Entspannung an jedem noch verbleibenden Tag in diesem Unternehmen zu genießen.

Für heute galt es, zuerst die Forecast-Meldungen seiner Verkaufsmanager zu kontrollieren und termingerecht zur Hauptgruppenmeldung zu verdichten. Das System zeigte, dass zwei Kollegen sich wohl nicht zwischen ‚gleich erhöhtem Abschussrisiko' oder ‚Flucht nach vorn' entscheiden konnten. Meldeten sie ehrlich, dass ihre Monatsscheibe nicht ausreichen würde, dann gab es sofort unangenehme Diskussionen. Entschieden sie sich aber dafür, die nächsten vierzehn Tage noch die Eröffnung der Freibadsaison zu genießen, und meldeten ‚alles im grünen Bereich', dann erhöhte sich bei dem fast sicher zu erwartenden Flop, am Ende des Monats, die Anklageliste um den strafverschärfenden Punkt ‚Forecast-Untreue'. Das wurde allerdings erst seit einem Jahr konsequent auf allen Ebenen und bundesweit einheitlich sanktioniert.

F hatte früher sogar schon erlebt, dass ganze Regionen bis kurz vor Ende des Geschäftsjahres immer wieder unbeirrt die Planerfüllung meldeten, obwohl schon lange feststand, dass es so große „weiße Elefanten", unbekannte Aufträge, mit denen man die Lücke schließen wollte, nun wirklich nicht mehr geben würde. Die Strategie ging damals aber erstaunlicherweise auf. Es gab da zwar wohl einen kurzen, heftigen Moment des Zorns in der Vorstandsetage, als klar wurde, dass man getäuscht worden war, da aber der Zusammenschluss mit einem Nachbarbereich auf dem Plan stand, ging man lieber zur Tagesordnung über und stellte die Uhren einfach auf null. F hatte das Vorgehen der Regionsleitungen damals sehr interessiert beobachtet und wirklich nicht geglaubt, dass diese bewusste Täuschung möglich sei. Anscheinend, so seine erstaunte Diagnose, muss der Selbstbetrug aber genügend weit oben und an mehreren Stellen gleichzeitig erfolgen und ist dann nicht ohne massiven eigenen Gesichtsverlust der Vorstandsebene sanktionierbar. Also passierte damals gar nichts.

Er wusste, dass seine beiden Accountmanager in der Monatsscheibe nichts Brauchbares abliefern konnten. Und er wusste auch, dass sie wussten, bei ihm hätten sie erst richtig Stress, wenn Aufträge gemeldet würden, die dann doch nicht kämen. Wie auch immer, ihre fehlende Meldung war noch blutrot im System hinterlegt. Zehn Minuten Zeit wollte F ihnen noch geben.

In seinem Überleitungsplan standen nun nur noch zwei offene Themenblöcke: die Information der Kunden und eine abschließende große Geschäftsdurchsprache in der zweiten Monatshälfte.

Er legte los und verstaute die letzten beiden halbwegs ansehnlichen Werbe-Kugelschreiber in seiner Aktentasche.

Ja, die Zeiten waren hart, das sah man auch daran, welche Werbebudgets überhaupt noch freigegeben wurden. Messeauftritte wurden gestrichen oder zumindest stark reduziert, weniger Kundenveranstaltungen, in möglichst günstigen Räumen und selbstverständlich ohne Eventcharakter, Radiowerbung statt Fernsehspots und teilweise unmögliche, ja peinliche Kundenpräsente. Da gab es dann schon mal, zentral verhandelt und eingekauft, billigst bedruckte Baumwollshirts. Schlecht genäht, fast durchsichtig und in Kindergrößen. Hier, das erkannte jeder, lag man deutlich unter der Unbedenklichkeitsgrenze für Werbegeschenke. Dafür war aber die Grenze zur Peinlichkeit weit überschritten. Also blieben diese Dinge kartonweise irgendwo liegen und wurden im günstigsten Fall noch bei Firmenfesten oder in den Jugendabteilungen der Sportvereine entsorgt.

Für F war der allgemeine Sparkurs durchaus nachvollziehbar, denn offiziell wollte man ja dadurch die eigene Wettbewerbsfähigkeit erhöhen und Arbeitsplätze sichern. Doch ging diese Rechnung nicht auf, sondern bewirkte sogar das Gegenteil. Die Notwendigkeit des Sparens war unstrittig, aber wie im Fall der T-Shirts wurde von den agierenden Einkäufern dabei die Qualität der Produkte oder Leistungen, bewusst oder unbewusst, geopfert.

Ein krasser Fall war die Anfang des Jahres durchgeführte, bundesweite Umstellung aller Handyverträge auf einen neuen Serviceprovider. Das offiziell genannte Einsparungspotenzial war gigantisch. Sogar so gewaltig, dass man die Wirtschaftlichkeit dieser Maßnahme auch dann bereits innerhalb eines

Quartals errechnet hatte, wenn man gleich umstieg und nicht sukzessive nach Auslauf der einzelnen Alt-Verträge. Gekauft, getan, gewundert. Erstens musste in einer gigantischen internen Mail-Flut der sofortige Umstellungsprozess verständlich kommuniziert werden. Allein das hatte ungeahnte Auswirkungen. Die internen Diskussionen und Rückfragen der damit weitestgehend überlasteten Basis raubten Nerven und Arbeitszeit: Was mache ich mit den alten Karten? Wohin sende ich mein nicht mehr kompatibles Handy? Wie ändere ich die zentralen Directoryeinträge? Wie lange kann ich eine Mailbox-Ansage auf meiner alten Nummer hinterlassen? Nun gehörte der Umgang mit derartigen, projektbegleitenden Störungen ja gewissermaßen zum eigenen Standardgeschäft und konnte aufgrund des so zügig errechneten Nutzens als einmaliger Reibungsverlust verbucht werden. „Augen zu und durch", hieß es. Auch der bisher nicht bedachte, neue, zig tausendfache Visitenkartendruck konnte noch mit den zukünftigen Einsparungen pauschal verrechnet werden. Schwieriger wurde es da aber schon, die grenzenlose Verwirrung an der Kundenschnittstelle zu ignorieren. Kundenanrufe auf die alten Nummern wurden nicht verlässlich weitergeleitet. Nicht abgeschaltete Mailboxen quollen über, wurden aber nicht mehr abgehört. Es war, als hätte sich ein dichter, zäher Nebel über die Geschäfte gelegt. Und so lauschte nun die gesamte Organisation verzweifelt, ob nicht doch ein vereinzeltes „Ping" aus den Tiefen des Kommunikationsmeeres auf weitere Bewohner schließen ließ.

Die optimistische zentrale Einkaufsleitung gab da bereits vereinzelt zu, dass man die positive Gesamtbilanz dieses Megadeals vielleicht nicht gleich im ersten Quartal erreichen würde. Die Umstellung war und blieb aber in ihren Augen weiterhin sinnvoll. Das sollte aber nicht mehr lange anhalten. Es stellte sich heraus, dass die Prognose des neuen Partners, bundesweit alle Gespräche zu deutlich über achtzig Prozent im eigenen Netz abwickeln zu können, definitiv nicht erreichbar war. Auf dem Land, abseits der Autobahnen, gab es riesige, halb- und nicht versorgte Regionen. So loggten sich die Handys in munterer Folge in das Netz des neuen Providers oder, zu deutlich höheren Kosten, in das Back-up-Netz des Marktführers ein. Um dann allerdings, nur bei dem leichtesten Hauch einer Chance, sofort wieder zu versuchen, das neue Heimatnetz zu aktivieren. F hatte es aufgegeben, seine Kollegen in den ländlichen Gebieten bei Autofahrten erreichen zu wollen. Selbst der Doc war einmal kurz davor auszurasten. Als er auf der Rückfahrt von einem Kunden versuchte, einen sehr kritischen Projektstatus abzusetzen, kam er über fünf Ansätze „Hallo, Ja? Hallo?", nicht hinaus und rechts ranfahren und anhalten durfte der ihn begleitende Kollege auch nicht, da der nächste Termin, zweihundert Kilometer weiter, ihm bereits im Nacken saß.

Als dann noch, selbst in den angeblich so gut versorgten Städten, die Netze teilweise hoffnungslos überlastet waren und ganze Niederlassungen nur sporadisch mit der Außenwelt kommunizieren konnten, war das Thema gestorben. Man wechselte über Nacht jetzt ohne große Einkaufsdiskussion konsequenterweise zum teuren Marktführer und F war nach nur vier Monaten stolzer Besitzer von sechs aktivierten Handy- bzw. Datenkarten drei verschiedener Provider.

Interessanterweise verstärkte dieser grobe Managementfehler jetzt aber nicht mehr eine „Atmosphäre der Selbstbedienung" im Unternehmen. Mittlerweile war wohl auch dem Letzten bewusst geworden, wie sehr sich die internen Überwachungsmöglichkeiten verbessert hatten.

Früher hatte F beobachtet, dass immer dann auch die Moral der Mitarbeiter besonders zügig abnahm, wenn von der verantwortlichen Führungsebene eine verlustreiche Fehlentscheidung schöngeredet wurde. Ganz schlimm war es, wenn trotz dieser Fehlleistung persönliche Vorteile einzelner Vorgesetzter bekannt wurden. Das veränderte bei einigen Kollegen dann sehr zügig das Eigentumsverständnis. Die da oben lebten es ja vor. In früheren Jahren hätten also derartige Verlust-Entscheidungen im günstigsten Fall nur zu einem deutlich erhöhten Papier- oder Bürobedarfsverbrauch geführt, denn das Risiko, durch einen derartigen Fehlgriff den eigenen Job zu verlieren, war anscheinend kalkulierbar gering. Als F einmal die Leitung in einer anderen Niederlassung übernahm und sich nach einem Büroartikelladen in der Nähe erkundigte, um Druckerpatronen für den Eigenbedarf zu kaufen, hatte er das Gefühl, gerade etwas Sensationelles gefragt zu haben.

Mittlerweile war aber das Thema Compliance zum Kernthema des gesamten Unternehmens geworden. In Verbindung mit den technischen Überprüfungsmöglichkeiten konnten eigentlich nur noch Unbelehrbare darauf hoffen, beispielsweise bei fehlerhaften Reisekostenabrechnungen, nicht mehr aufzufliegen. Bei den ganz Unbelehrbaren war das, im Vergleich zu dem mittlerweile gerichtsbekannten, unternehmensweiten Sumpf, wohl immer noch nur eine harmlose Unkorrektheit.

Dass sich darin, in diesen vermeintlich kleinen Vorgängen aber der fortgeschrittene Verfall einer gesamten Unternehmenskultur ausdrückte, dass sich die einmal überschrittene Grenze immer weiter in diese negative Richtung verschieben würde, dass am Ende jegliches Bewusstsein über Recht und Unrecht verschwimmt, darüber waren sich sicherlich die wenigsten im Klaren. Die vermeintlichen Erklärungen und Rechtfertigungen dazu konnte man in jedem Betrugsprozess nachlesen. Antworten wie: „Es war doch nichts Ungewöhnliches. Das haben doch alle so gemacht, und mein Chef hat auch nie etwas gesagt" zählten dann noch zu den harmlosen, schlechten Entlastungsversuchen. Genauso gut hätte man dann auch die Kontinentalplattenverschiebung als Begründung benennen können, wenn wieder einmal in einer Reisekostenabrechnung die Entfernung zwischen zwei Städten fast das Doppelte der eigentlichen Distanz betrug.

Es gab natürlich auch publizierte Fälle, in denen ganz gezielt Geschäfte gefördert wurden. Zwar nicht unbedingt die Megadeals, die später das ganze System bloßstellten, eher kleine, auf einzelne Vorteile bedachte Zugaben, die zufällig oder durch Missgunst herauskamen. Und die andere Seite, der Kunde, war daran nicht selten als massiv fordernder Part ebenso deutlich beteiligt. Derartige Meldungen hatte F immer sehr aufmerksam registriert, denn darin lagen vielleicht Erklärungen für unverständliche Vorgänge im eigenen Umfeld. Er dachte dann immer an den Spruch: „Der frisst mir aus der Hand." Da gab es Einkäufer, die den Zuschlag für ein Angebot nur erteilten, wenn das Projekt auch sicherstellte, dass die eigene Küche mit bester Elektronik neu ausgestattet wurde. Es gab teure Firmenevents, auf denen einzelne Kunden des Unternehmens erstaunlich selbstverständlich Jetons für die benachbarte Spielbank einforderten. Es gab unglaublich günstige Angebotspreise, deutlich unter dem Marktpreis, die sich erst dann erklärten, wenn herauskam, dass im Gegenzug eine Dienstleistung, ein Urlaub oder auch schon mal ein Auto fast verschenkt wurde. Es gab Kunden, die selbstverständlich alle Aufwendungen, auch die für das am Wochenende genossene Schnitzel ihrer Kinder, beim Geschäftspartner gut aufgehoben sahen. Es stellte sich also nicht die Frage, was es gab, sinnvoller war es, zu fragen: „Was gab es nicht?" Und das war, wenn man die Berichte sammelte, nicht viel, egal ob im Kleinen oder Großen.

Ändern konnte man dieses, sich durch vermeintlichen Erfolg selbstverbreitende System nur durch zwei Dinge: die unmissverständliche Ansage der Unternehmensleitung, dass derartige Geschäftspraktiken nicht geduldet und sicher sanktioniert werden, verbunden mit dem integren, eigenen Vorleben. Und zweitens, ändern konnte es, zumindest im Kleinen, auch jeder Einzelne im beruflichen Alltag.

F hatte dazu während der Ausbildung von einem Kollegen eine kleine nette Episode gehört. Dieser Kollege arbeitete während seiner Studienzeiten nebenbei in einem noblen Restaurant. Als ein Gast die Rechnung von ihm erbat, fiel der beliebte, ergänzende Satz: „Es kann ruhig ein wenig mehr sein!" Diesen Gefallen wollte er gerne erfüllen. Er kassierte die angefallene Rechnung von damals kapp einhundert D-Mark und lieferte diesem weltmännischen Geschäftsmann umgehend einen selbst erstellten Bewirtungsbeleg über stolze eintausendvierhundertzweiundneunzig D-Mark. Der Gast war so perplex, dass er wortlos das Papier auf dem Tisch liegen ließ und ging. Er kam aber auch nicht wieder.

Die nächsten vierzehn Tage war F fast durchgängig in Kundenterminen. Er genoss diese Gespräche, und je nach persönlicher Nähe und je nach Ort wurde mehr oder weniger offen und entspannt über die beiden Unternehmen gesprochen. F berichtete jetzt auch nicht mehr von wachsenden Märkten, hoch motivierten Mitarbeitern, besten Lösungen und optimalen Prozessen zum Nutzen der Kunden. Er hörte oftmals nur einfach zu, denn sein Wechsel, verbunden mit der Anmerkung, es sei für ihn an der Zeit, im Arbeitsleben nochmals etwas Neues zu starten, beflügelte auch die meisten seiner Gesprächspartner enorm. In bisher ungekannter Offenheit sprachen sie über ihre eigenen Ideen, Pläne und Wünsche, aber auch über ihren Frust. Viele waren durch den alltäglichen beruflichen Trott schon lange nicht mehr mit dem Herzen bei der Sache. Natürlich, sie funktionierten noch für das Unternehmen, aber auf einmal trauten sie sich, auch offen darüber zu sprechen, dass sie sich oftmals nicht mehr wirklich wertgeschätzt fühlten. Es war erschütternd. Hinter der sonst so glatten Fassade vieler dieser erfahrenen und harten Verhandlungspartner sah es nicht wirklich gut aus. Alle, die wie er schon einige Jahre auf dem Buckel hatten, fühlten sich irgendwann doch übergangen, aufs Nebengleis geschoben oder einfach nur innerlich leer und ausgebrannt. Dabei jammerten nur wenige über ihren Zustand. Den meisten war bewusst, dass sie sich zu Beginn ihrer Karriere nun einmal auf diese Spielregeln eingelassen hatten. Und ganz egal, ob bedeutende Führungskraft oder auch nicht, alle waren sich einig: „Als Chef hat man es nicht leicht. Man trägt doch die ganze Verantwortung. Ohne klare Hierarchie und Führung würde jeder Laden auseinanderfliegen." Würde er wirklich?

F erinnerte sich daran, dass er in frühen Jahren, als er lange zögerte, die erste Führungsaufgabe zu übernehmen, davon gesprochen hatte, darin für sich keinen wirklichen Sinn einer beruflichen Weiterentwicklung sehen zu können:

„Ein Chef ist doch erst dann wirklich gut, wenn er sich überflüssig gemacht hat!", war seine These. Später als Führungskraft hatte er, durchaus im eigenen Interesse, diese Aussage dann doch etwas modifiziert: „Wirklich gute Mitarbeiter hat man doch erst dann, wenn diese eigentlich keinen Vorgesetzten mehr brauchen, das aber nicht wissen."

EXPERT

Oft fängt es ganz harmlos an. Man unterhält sich über Kollegen, über eine andere Abteilung und deren Schwierigkeiten und kommt auf eine bestimmte Führungskraft zu sprechen. Und dann zeigt einer der Diskussionsteilnehmer sein wahres Gesicht und positioniert sich mal locker so nebenbei: „Wenn ich die Verantwortung für diesen Bereich übertragen bekäme, dann müsste ich ja meiner Frau erklären, warum ich nachmittags nichts mehr zu tun habe." Das hat doch Charme, oder? In dasselbe Schema passt, wenn ein Kollege seine angeborenen Führungsgene souverän folgendermaßen beschreibt: „Wenn ich morgen bei der Straßenreinigung anfangen würde und die Gosse fege oder Laub harke, spätestens in einem Monat bin ich doch der Chef des ganzen Ladens."

Entscheidend ist oft der Kontext, in dem derartige Äußerungen fallen, um wirklich zu verstehen, was dahinter steht! „So groß kann doch der Schatten von Herrn Ex gar nicht sein", ist ein starkes Aufbruchsignal für die Jungen und Neuen im Plenum. Hurra, ihr seid frei, das ist eure Chance und das eindeutige Zeichen, dass jeder der Altgedienten, der jetzt noch glaubt, diesem Club des gerade erst mit langer Laudatio verabschiedeten Ehemaligen huldigen zu müssen, auch zum sofortigen Abschuss freigegeben ist. „Meine Herren, Ober sticht Unter."

Und jetzt ein Statement, das sehr oft benutzt wird, um Entscheidungen durchzusetzen und nicht weiter zu erklären. Wie sicher muss man sich doch fühlen, vor den eigenen Mitarbeitern öffentlich zu sagen: „Meine Herren, ich werde doch nicht die Frösche fragen, wenn ich den Teich trockenlegen will." Genau darin liegt vielleicht bei vielen wichtigen Veränderungen das größte Problem. Man hält sich an diesen lockeren Spruch, ignoriert die Betroffenen und zieht konsequent ohne Karawane weiter. Und wundert sich dann oder auch nicht. Später lernte man daraus und machte „Betroffene zu Beteiligten". Die Frösche sollten doch zumindest glauben, dass sie gefragt wurden, und man führte die Mitarbeiterbefragungen ein und wiederholte diese so lange, bis alle genervt die richtigen Antworten gaben. Allerdings, es gibt keinen Spruch, der nicht auch irgendwie in das Gegenteil zu kehren ist. Wenn jemand nun allzu gern die Stimmung im Unternehmen und die Wünsche, Sorgen und belanglosen Empfindsamkeiten der Kollegen thematisiert, dann kann es gut sein, dass man seine Leistung einfach wie folgt kommentiert: „Der kommt sowieso nicht weiter und muss ja jeden Frosch erst einzeln befragen." Ein verbal eingeläutetes Ende dieses Weichei-Managers.

Auf der anderen Seite sind aber auch die Mitarbeiter nicht gerade zurückhaltend, wenn es gilt, im vertrauten Kreis die Leistung des eigenen Chefs zu kommentieren, und je nach Arbeitsgebiet können diese Sprüche sehr deftig ausfallen. Allgemein bekannt ist wohl die kurze Zusammenfassung der „Nicht-Vor-Ort-Präsenz" einer „Matrix-Führungskraft" und der sich daraus ergebende, mangelnde Kontakt zu den eigenen Mitarbeitern, der wie folgt kommentiert wird:

„Den Chef sehe ich persönlich nur maximal zwei Wochen im Geschäftsjahr. Was kann er da schon groß Schaden anrichten? Diese Behinderung muss eine funktionierende Abteilung doch wohl verkraften können!"

„Meine Herren, das war doch abzusehen, das hat doch jeder gewusst, dass etwas passieren muss." Von einer Sekunde zur anderen werden aus bisher Uninformierten und Unwissenden jetzt Eingeweihte, Wissende. Sie haben die umzusetzenden Maßnahmen doch ganz selbstverständlich mitzutragen.

Aber ist es wirklich schade, wenn die Darsteller manchmal nicht so gut lügen können? Der Servicechef, der vor großem Plenum am Vormittag sagt: „Mir ist definitiv nichts von geplanten Personalmaßnahmen bekannt", und dabei puterrot anläuft, tropfend schwitzt und möglichst schnell das Mikrofon weiterreicht, ist dieser Mann nur deshalb mies und hinterhältig, weil er dann am Nachmittag die Order zum Abbau seiner Mannschaft bereits im Detail vorbereitet, konkretisiert? Ist er nicht nur einfach ungeschickt und selbst Opfer? Und, in der gleichen Situation ehrlich zu sein, bringt das dem Zuhörer mehr? Ist es nicht wirklich besser, den Vormittag noch entspannt zu genießen und „das Glas immer halb voll" zu sehen?

Auf die Frage an einen Ex-Chef, warum er der Company den Rücken dreht, antwortete dieser: „Wir haben in unserem Segment so viel erfolgreich aufgebaut und sind jetzt mit Abstand die Nummer eins in Deutschland. Doch wenn gleich der Güllewagen kommt, dann wird er auch uns, die allerschönste Blume der Wiese, unter sich begraben. Deshalb gehe ich!" Ein prächtiges Bild, und er fügte noch hinzu: „Übrigens, ich muss im neuen Job weniger tun und bekomme mehr Geld." Einmalig, diese Antwort, ein im Alltag leider selten erreichtes Niveau.

Wir enden einfacher. ‚Meine Herren, denken Sie daran, Erfolg ersetzt jedes Argument!'

GESCHÄFTSDURCHSPRACHE – WIE LEICHT DOCH ALLES SEIN KANN

F liebte mittlerweile die Geschäftsdurchsprache. ‚Business Report Dialog' hatte sich dann doch nicht durchgesetzt. Das waren moderne Gladiatorenkämpfe. In den letzten Jahren hatte man das System Schritt für Schritt aufgerüstet. Zwischen den einzelnen, meist monatlichen Gesprächen lagen zwingend vorgeschriebene Trainingseinheiten, die realtime überwacht wurden. „Melden Sie Ihren Forecast spätestens jeden ersten Montag im Monat bis neun Uhr." Dann verdichtete die nächste Ebene diese Informationen und meldete bis spätestens zehn Uhr und so weiter. Je nach Organisationsform war die Vorstandsebene kurz nach Mittag oder erst nach Sonnenuntergang erreicht. Wer nicht zeitgerecht auf ‚Speichern' drückte, konnte maximal von zehn die Minuten herunterzählen, bis wiederum sein Vorgesetzter Amok und die unternehmensweite Fahndung nach ihm auf Hochtouren lief. Doppelte Berichterstattung durch parallel geführte Projektlisten aus verschiedenen Abteilungen, standardisierte Balanced Scorecards, um das Geschwafel einzudämmen, und viele andere Listen und Controlling-Instrumente galt es zwischen diesen Durchsprachen zu pflegen. Angebotsdatum, Technik, Volumen, Projektergebnis, Auftragswahrscheinlichkeit, geplanter Vergabetermin, wie oft verschoben? Neukunde? Erweiterung? Alles wurde abgefragt. Bei etwaigem Planrückstand zog diese Online-Überwachung die Schlinge um den Hals der Versager jetzt programmgesteuert realtime zu. Die Informationen waren nicht mehr nur im subjektiven Kopf, sondern auch im herzlos digital entscheidenden System. Das konnte schnell zu den allergrößten, persönlichen Problemen führen.

Früher gab es das alles nicht. Und trotzdem, als ihm noch die nötige Routine fehlte, tappte F damals in diesen Gesprächen oft in die geschickt getarnten, zahlreich aufgestellten Fallen. Jetzt aber, nach all den Jahren und gut verheilten Narben, fühlte er sich als Profi. Er war bereits über eine Stunde früher in Hannover, denn diese letzte Durchsprache wollte er richtig genießen und in bester Erinnerung behalten. Dazu gehörte kein Termindruck mit zumeist unergiebigem Rasen auf der Autobahn. Man tat ihm den Gefallen, und eine zwölfköpfige Expertenrunde erwartete ihn diesmal. Zu Beginn gab es eine fast etwas zu nette Einleitung durch den Doc. Danach hatte aber auch die extra vom fernen Leipzig angereiste Protokollantin endlich verstanden, dass er das Unternehmen bald verlassen würde. Doch dann ging es wie gewohnt zur Sache, ganz so, als ob sich nichts verändert hätte. „Einfach herrlich", dachte F.

„Wenn ich Ihre Forecast-Zahlen für das dritte Quartal mit den in der Projektliste genannten Wahrscheinlichkeiten abgleiche, dann scheint mir Ihre Aussage, am Ende des Geschäftsjahres nur bei einhundert Prozent Planerfüllung zu landen, mehr als unterkühlt", begann der vom Deutschlandchef persönlich von der Leine gelassene Controller die Anklage. „Haben Sie uns Anfang des Geschäftsjahres nicht vehement prognostiziert, dass unsere Vorgaben für Ihre Einheit definitiv nicht mit dem Projektvolumen im Mittelstand vereinbar und der Plan unerreichbar sei?", ergänzte er und fuhr tief durchatmend fort. „Und seit zwei Quartalen stellen wir, durchaus erfreut, gemeinsam wieder und wieder fest, dass Sie immer bei deutlich über einhundert Prozent anteiliger Planerfüllung liegen. Wann glauben Sie endlich an sich? Ich möchte Sie eindringlich bitten, Ihre aktuelle Prognose schnellstes vergessen zu machen und mit Mut in die nächsten Monate zu gehen. Übrigens, Ihre Kollegen vom Consulting und den Applikationen geben wesentlich optimistischere Prognosen zu diesen Projekten ab." Und dann folgte seine klare Forderung: „Geben Sie uns jetzt das persönliche Commitment einer mindestens einhundertzwanzig Prozent Erfüllung zum Geschäftsjahresende!" Kumpelhaft setzte er nach: „Sie wissen, der Deutschlandchef würde sich darüber besonders freuen!"

Klasse, eine gute Vorlage, genauso musste es laufen. Natürlich hätte F mit einer einfachen pauschalen Bestätigung auf der Hälfte des Weges: „Okay, ich erreiche einhundertzehn Prozent", den Zuschlag sofort erhalten und jetzt dem Regionalleiter oder welchem Nachfolger auch immer ein nettes Problem hinterlassen können. Aber was für ein erbärmlicher Abtritt von dieser, seiner so geliebten Bühne wäre das gewesen? „Herr H, die Deutschlandleitung war doch maßgeblich daran beteiligt, dass diese erfreuliche Übererfüllung zu Beginn des Geschäftsjahres zustande kam", begann er seine Erwiderung. „Ohne die strategische Must-Win-Entscheidung aus dem Headquarter hätten wir doch gar nicht bei einem Projekt dieser Größe anbieten können! Nur diese tatkräftige Unterstützung der Herren in der Zentrale, ebenso in besonderem Maße der Regionalleitung und nicht zu vergessen der

unermüdliche Einsatz der aus der ganzen Region eingebun-
denen Fachexperten und selbstverständlich des erfahrenen
Vertriebskollegen aus dem Standort selbst, mit seinen hervorragenden Kontakten zum Kunden, hat uns doch überhaupt
erst in die Lage versetzt, diesen bedeutenden Auftrag zu gewinnen!" Damit hatte er zwar die Aussage des Controllers,
dass er seit Monaten „den Ball vielleicht doch etwas zu flach
hielt", gar nicht kommentiert oder ihr sogar widersprochen,
sondern erst einmal alle kräftig bejubelt, um nach dem Rum-
genöle des anderen die positive Grundstimmung im Kreis
wieder herzustellen. Tonfall und Vortrag mussten auf die Zuhörer so wirken, als spräche hier einer von einer ganz anderen
Seite der Medaille, die man so noch gar nicht betrachtet hatte,
der Inhalt war zweitrangig. „Glauben Sie mir, wir wären die
Allerersten, die diese in der Projektliste genannten Volumina
nur zu gerne, lieber heute noch als morgen, als Auftragseingang buchen würden", kleiner Seitenblick auf den kaufmännischen Kollegen, ob der sich auch wirklich an diesen Teil der
vorbereitenden Abstimmung noch erinnern würde. „Und genau darin liegt ja auch unser starker Optimismus, alles sofort
mit dem Maximalvolumen zu nennen. Allerdings rate ich davon ab, die Vergabetermine derartiger Projekte mit dem doch
wohl speziellen Blick des Innendienstes einschätzen zu wollen." Der Chef der Applikationsleute begann sich bereits auf-
zupumpen, doch F ignorierte das und schob nach: „Wir haben
da bei dem größten der von Ihnen aufgezählten Projekte einen
enormen internen Zeitfresser. Noch immer wurde der im
Headquarter angeforderte Sonderrabatt nicht bestätigt" Jetzt
noch die Falle zuschnappen lassen: „Da laut aktueller Kalku-

lation die Ebit-Vorgabe derzeit aber verfehlt wird, wenn auch nur knapp, dürfen wir ohne diese Zustimmung regional nicht freigeben und dem Kunden ein überarbeitetes Angebot vorlegen." Es folgte das vorbereitete Statement des Kaufmanns und ging noch mehrmals mit dieser Art des Austauschs von Plattheiten hin und her. Am Ende stand im Protokoll, dass vorbehaltlich der Zustimmung einer zentralen Stützung dieser Auftrag frühestens zu Beginn des nächsten Geschäftsjahres wahrscheinlich sei und somit die von F gegebene Prognose bestätigt wurde. Der Doc schaute F irgendwie dankbar an.

So lief das immer. Die Werkzeuge waren Behauptungen und Gegenbehauptungen, angeblich neutrale Benchmarkanalysen und Rennlisten, die plötzlich auftauchten, eher unfaire Gesprächstechniken, heimliche Allianzen oder einfach nur persönliche Sympathie oder Antipathie. F hatte immer weiter dazugelernt. Mit einer gut abgestimmten Vorbereitung zwischen seinem kaufmännischen Partner und dem Servicekollegen, mit Folien, die er selbst zur Darstellung der Sachverhalte vorbereitet und rechtzeitig an das Referat gesandt hatte, damit sie dann bereits in dem eigentlich vorgegebenen Ablauf erschienen, und mit einer gewissen Unverfrorenheit, wenn es darum ging, die Kundennähe auszuspielen, kam er bisher immer gut durch. Nach neunzig Minuten war diese letzte Geschäftsdurchsprache vorbei. F fühlte sich, als ob ihm gerade jemand ein lieb gewonnenes Spielzeug aus der Hand genommen hatte und zu ihm sagte: „Nein, das musst du aber schön hier lassen, wenn du nach Hause gehst. Damit wollen andere doch auch noch spielen!"

QUALITÄT

Das ist einfach und gleichzeitig unendlich schwer, fast unmöglich. Viele Führungskräfte werden in ihrer Führungskompetenz, dem Kommunikationsverhalten, ihrer Souveränität, der Dienstleistungsorientierung, der Fachkompetenz und was sonst noch denkbar ist, gescannt, mittlerweile - fast selbstverständlich - auch von den Mitarbeitern beurteilt und dann gegebenenfalls geschult und gecoacht, um besser werden zu können.

Und nehmen wir an, da wirkt so ein Vorgesetzter. Er macht einen guten Job und geht auch noch das Thema Menschlichkeit im Unternehmen, gesellschaftliche Verantwortung, das Verstehen des anderen, den Kampf gegen Vorurteile, Mobbing oder was auch immer an.

Er lebt es vor. Der wird viele begeistern, mitreißen, beeinflussen und eine ganzes Abteilung, einen Bereich oder sogar das Unternehmen positiv prägen. Und eines wird er wohl eher nicht sein, ein Sprücheklopfer. Solange die Welt für das Unternehmen in Ordnung ist, können das sogar noch erstaunlich viele. Die wirkliche Qualität zeigt sich aber erst in der nächsten Krise. Dann werfen „Schönwetterkapitäne" diesen „sinnlosen" Ballast oft ganz schnell wieder über Bord. Machen es sich leicht und machen die nicht an den Entscheidungen ‚Beteiligten zu Betroffenen'. Das Fazit lautet:

„Jeder bekommt den Spruch und den Chef, den er verdient."

LOS! – EIN MITARBEITERFEST UND DER MORGEN DANACH

Lange vor der Bekanntgabe der neuen Personalmaßnahmen, zu einer früheren Zeit, als die Märkte noch wuchsen, hatte die Deutschlandleitung für den Gewinn bestimmter strategischer Aufträge ein Incentive in Form eines großzügigen Mitarbeiterfestes ausgelobt. Fs Mannschaft gehörte zu den ganz wenigen in Deutschland, die das sogar mehrmals geschafft hatten. Da dieser Termin bereits seit langem für das letzte Juniwochenende geplant war und alle Kollegen zugesagt hatten, bot es sich an, einfach im Rahmen dieser Feier unspektakulär „Tschüss" zu sagen. Nach nun fast zwanzig Jahren verließ er dieses Unternehmen keineswegs im Groll. Im Gegenteil, am Ende seines Berufslebens würde er vielleicht sagen, dass er einige der prägendsten Jahre in dieser Firma verbracht hatte. Jetzt wollte er einfach nur neu starten und genoss die wiedergewonnene Unbeschwertheit. Er konnte endlich wieder mit grenzenloser Begeisterung loslegen und das Leben unbesorgt genießen. Oder war dieser paradiesische Zustand nach den Erfahrungen der letzten Jahre für immer verloren, da er wusste, wozu die Menschen für Macht und Einfluss alles zu tun bereit waren? Brauchte nicht jeder diesen staubigen Schmutzschirm, um überhaupt zu überleben?

Es wurde ein brillantes Fest. Der Saal in einem alten westfälischen Bauernhaus wirkte anscheinend auf die Gäste wie ein unglaublich starker, friedlicher Zauber. Alle waren gekommen: die Servicekollegen, die Projekteure, Fachberater und Consultants, die Kaufleute und Projektleiter, die vielen Innendienstler aus den verschiedenen Clustern und Stabsstellen. Und egal ob Führungskraft oder nicht, F vermeinte zu spüren, dass sie sich alle an diesem Abend nur nach der großen Familie sehnten, in der man selbstverständlich füreinander einstand, gemeinsam kämpfte, fair in der Sache stritt und heute einfach entspannt diese großen Erfolge feierte. Die größte Abbauwelle aller Zeiten war gerade über sie hereingebrochen, und es war klar, nur zwei Tage später würden viele der Teilnehmer nicht mehr an Bord sein. Aber es schien ihm so, als zählte das heute alles nicht. War die Welt plötzlich doch in Ordnung? Man verabschiedete ihn mit herzlichen Worten.

Später beobachtete er, wie sich einer seiner jetzt ehemaligen Mitarbeiter heimlich flüsternd, richtig konspirativ, im dunklen Innenhof mit dem Doc unterhielt. Er wirkte angespannt, so als ob er etwas ganz Wichtiges verkaufen möchte.

„Ja, das wäre doch auch ein möglicher Nachfolger. Viel Glück dabei Kollege! Und komm nicht unter die Räder, wenn du demnächst Chef wirst", dachte er noch. Logisch, es musste ja wie gewohnt weitergehen.

Am Morgen danach startete F den Wagen. Sein Kopf dröhnte ziemlich. Mieser konnte das Wetter nicht sein. Bereits nach wenigen Kilometern hatte die Dichtung des Schiebedachs, trotz angeblicher Reparatur, den Kampf gegen den Dauerregen doch wieder verloren. „Wir leben von zufriedenen Kunden", hatte ihm der Werkstattleiter noch zugerufen.

Im Radio spielten sie gerade „Und ich mach mein Ding." Da wusste er, dass würde gut für ihn ausgehen.

TEIL II
PRARIE UND THEOXIS:
DIE MISCHUNG MACHT'S

GEDANKENCOCKTAIL

Und nun?

Stellen Sie sich vor, Sie betrachten ein Gemälde. Voller Interesse sind Sie immer näher und näher herangegangen, um auch die kleinsten Details erkennen zu können. Ganz automatisch werden Sie bald auch wieder Schritt für Schritt zurückgehen und erneut den Gesamtüberblick erhalten.

Diesen zwischenzeitlichen Abstand benötigen wir jetzt auch. Nur für einige folgende Seiten, dann werden wir uns wieder an die Erlebnisse des F „heranzoomen", um konkrete Aussagen treffen zu können. Auf was können wir also zurückgreifen?

Da ist die subjektive Erzählung eines gewissen Herrn F. Seine beiden letzten Monate in einem großen deutschen Industrieunternehmen, immer wieder unterbrochen durch rückblickende Ausschnitte dieser ganz beliebigen, beruflichen Entwicklung. Eine rein individuelle Wahrnehmung des persönlichen Arbeitsalltages. Für F ist das Thema ‚Betriebskultur' ganz offensichtlich überlebenswichtig. Er glaubt fest daran, dass sich in den heutigen Unternehmen, besonders aber auch in seinem Arbeitsgebiet, der Vertriebsorganisation, die noch immer weit verbreiteten, traditionellen Verhaltensmuster wesentlich verbessern lassen. Fast missionarisch ist er davon überzeugt, dass bei komplexen, teamorientierten Arbeitsanforderungen nur der kooperative Führungsstil und nicht mehr eine autoritär und hierarchisch geprägte Führungsstruktur erfolgreich sein kann.

Und da sind, losgelöst vom subjektiven Blickwinkel des Einzelnen, die Unternehmen und ihre Interessen und Ziele. Aus dieser unternehmerischen Perspektive ist der ‚Faktor Mensch' zwar bedeutsam, aber immer nur als Mittel zum Zweck, um damit Geld zu verdienen, und nicht, weil es in erster Linie den Menschen gut gehen soll. Das wichtigste Unternehmensziel hat nur einen Inhalt, aber, je nach politischem Standort, viele Namen und heißt: Gewinn, Ertrag, Ergebnis, Profit, Ausbeute, Vorteil oder gutes Geschäft. Wenn dieser wirtschaftliche Erfolg an anderen Orten der Welt kostengünstiger zu erreichen ist, verzichten die Unternehmen konsequent auf die bislang gelobte Kundennähe oder ihre Standorttradition und beugen sich, fast demütig, dem immer schuldigen Wettbewerbsdruck im globalen Business. Dann zeigt sich leider allzu oft, wie oberflächlich und aufgesetzt die angeblich so hohe Mitarbeiter- und Kundenorientierung oder das lange beschworene, familiäre Betriebsklima wirklich waren.

Aber wer stellt denn diese Unternehmensregeln auf? Das sind in den Konzernen in aller Regel doch auch „nur" angestellte Mitarbeiter. Agieren demgegenüber Familienunternehmen, mit ihren geschäftsführenden Eigentümern, nicht wesentlich sensibler und verantwortungsbewusster? Warum kann es geschehen, dass eine rein menschliche Schöpfung, ein Unternehmen mit vielen Tausenden von Beschäftigten, ganz unmenschliche Züge annimmt?

Sind diese Fragen wirklich unerlaubt naiv? Nein!

Das ist der zentrale Widerspruch, der alle Führungskräfte trifft. F wird aus Sicht seiner Vorgesetzten nur erfolgreich funktionieren und verdient erst dann viel Geld, wenn er die eigenen Mitarbeiter zu ständigen Höchstleistungen treibt. Dazu gehört selbstverständlich auch, den Einzelnen, der nicht perfekt funktioniert, rigoros auszutauschen oder Personalabbaumaßnahmen widerspruchslos umzusetzen. Offiziell geht es dabei immer nur um Sachzwänge und um das Überleben der Firma. Aber trotzdem möchte F gleichzeitig noch als guter Mensch gelten. Integre Persönlichkeit und unternehmerisch erfolgreiche Führungskraft, wie soll das zusammenpassen?

Von diesem Interessenkonflikt, der polaren Spannung zwischen dem einzelnen Mitarbeiter, egal ob Führungskraft oder nicht, und dem Unternehmen hat F ausführlich erzählt. Er hat berichtet, wie unterschiedlich die Beschäftigten ihr tägliches berufliches Tun wahrnehmen, und damit beginnen wir.

„Kein Mensch hat bisher auf seinen Grabstein schreiben lassen, er hätte gerne noch mehr Zeit im Büro oder in der Fabrik verbracht!" Kennen Sie diese Aussage? Immer wieder gelangen umfangreiche Studien und repräsentative Befragungen zu dem erschütternden Ergebnis, dass die Arbeit für eine große Mehrheit der Beschäftigten nur noch ein lästiges oder sogar belastendes Übel ist. Eine reine Notwendigkeit, um die eigene materielle Lebensgrundlage abzusichern. Warum beginnt für so viele Menschen das wirkliche Leben erst nach Dienst-, Schul- oder Schichtende? Was ist eigentlich los in den Unternehmen und Verwaltungen, in denen sich gut ausgebildete und sonst durchaus selbstbewusste Menschen freiwillig mit einengenden, bürokratischen Strukturen umgeben und sich nicht dagegen auflehnen? Von Jahr zu Jahr entwickeln sie nur noch eine immer größere Angst davor, dass ihre graue Routine eines Tages abrupt durch firmenseitige Kündigung beendet werden könnte und dann der materiell privilegierte Zustand plötzlich gefährdet ist. Fragen Sie einmal in einem ehrlichen Augenblick in Ihrem direkten Umfeld nach, wie es am Arbeitsplatz aussieht, was Spaß und was Stress bereitet, welchen qualitativen Stellenwert die Arbeit einnimmt. Oder, noch besser, opfern Sie einen halben Urlaubstag und fahren sie frühmorgens mit Bus oder Bahn ziellos durch die Gegend. Beobachten Sie, von Fahrplanbeginn an, die Fahrgäste auf ihrem täglichen Weg zur Arbeit. Sehen die meisten nur deshalb unendlich traurig und lebensunlustig aus, weil sie noch so schrecklich müde sind? Ändert sich dann wirklich der Ausdruck der Gesichter, wenn nach dem frühen Arbeitsbeginn in der Produktion die gleitzeitentschärften Büroanfangszeiten folgen? Nein, ich befürchte sehr, Sie werden in diesen insgesamt wenig erbaulichen und trostlosen morgendlichen Fahrstunden nur eine rein äußerliche Veränderung feststellen können: Mit späterem Arbeitsbeginn steigt lediglich der Mode- und Parfümierungsgrad der Menschen an, und darunter kann sich die weit verbreitete, negative Grundstimmung vielleicht ein wenig besser verstecken. Statistisch gesehen ist es ja sowieso äußerst wahrscheinlich, dass Sie gar nicht erst andere lange ausfragen oder mühsame morgendliche Feldstudien betreiben müssen. Nach einigen Jahren Arbeit, wenn der stürmische, jugendliche Elan und Ihre grenzenlose Begeisterung nachgelassen haben, wenn Sie älter und erfahrener geworden sind und sich bereits das erste große Firmenjubiläum ankündigt, dann haben Sie bestimmt die eine oder andere von F geschilderte Situation, so oder so ähnlich, vielleicht aber auch viel gravierender, erlebt.

Oder sind Sie der ganz harte Hund, der sich immer durchbeißt und schon früh verstanden hat, dass Arbeit keinen Spaß machen darf? Für den die Arbeit die notwendige Pflicht und das natürliche Leidensprogramm des Lebens ist. Der gerne einmal die anderen mit seiner trostlosen Erkenntnis belehrt: „Der Mensch lernt doch nur durch Schmerz!" Warum also sollte man sich über ausgesprochenen Firlefanz wie Mitarbeiterzufriedenheit, Identifikation mit dem eigenen Unternehmen oder eine offene, eine demokratische Unternehmenskultur, überhaupt Gedanken machen?

Oder sagen Sie, und leider müssen das heutzutage immer mehr Menschen tun: „Diese abgehobenen Probleme hätte ich gerne. Gebt mir doch einfach Arbeit, egal was und egal wo, Hauptsache eine Arbeit und dadurch ein wenig mehr materielle Sicherheit." Sie könnten noch sarkastisch hinzufügen: „Ich glaube zwar nicht, dass es finanziell eines Tages zu einem Grabstein mit so viel Text reichen wird, dort sollte aber genau das stehen: ‚Ich hätte sehr gerne mehr Zeit im Büro oder in der Fabrik verbracht, mit Arbeit!'"

Und es gibt noch eine vierte, kleine Gruppe beneidenswerter Menschen, die jeden Morgen voller Begeisterung und Elan in ihren Arbeitstag starten. Wenn das auf Sie zutrifft, dann gratuliere ich Ihnen von ganzen Herzen dazu. Genießen Sie dieses überaus große, persönliche Glück, Ihre Lebensaufgabe und eine perfekte Balance zwischen Arbeit, Freizeit, Familie, oder wie auch immer Sie Ihre Wertigkeiten festlegen, gefunden zu haben. Dieses positive Verhalten entsteht keineswegs nur aus naiver Unerfahrenheit und jugendlicher Harmlosigkeit, wie wir sie ja zu Beginn seiner Karriere auch bei F beobachten konnten. Es gibt sie einfach, glückliche Menschen. Für sie sind selbst die unmöglichsten Arbeitsbedingungen und die offensichtliche Perspektivlosigkeit eines Unternehmens kein Grund, die Freude an ihrer Arbeit zu verlieren und das persönliche Engagement zu verringern.

Zwischen diesen soeben beschriebenen vier Möglichkeiten, die eigene Arbeitssituation zu empfinden, und den damit verbundenen, persönlichen Einstellungen existieren alle denkbaren Abstufungen und individuellen Schattierungen. Hatte F nicht auch erlebt, dass, bei sonst unveränderten Strukturen im Unternehmen, allein schon die Führungsqualität eines einzelnen Vorgesetzten über Motivation oder Frustration der Mitarbeiter entscheiden kann? Und geschah das nicht auch noch sehr individuell, mit Nasenfaktor sozusagen? Was der eine am Chef sympathisch findet, ist für den anderen der größte Schrecken. Ist der Mensch eine unkalkulierbare Unbekannte in der Formel für den Unternehmenserfolg?

An unserem kleinen, einleitenden Beispiel mit dem Grabstein wird deutlich, dass Herr F auf die firmeninternen Ereignisse mit sehr individuellen Empfindungen reagiert hat. Durch diese enge persönliche Verstrickung in die täglichen Geschehnisse ist die eigene Urteilsfähigkeit doch wohl zwangsläufig

massiv einschränkt. Erinnern Sie sich an die Frösche? Und ein
anderer Charakter oder Typ Mensch, der die gleichen Möglichkeiten wie F erhält, käme damit vielleicht wesentlich besser klar und demzufolge auch zu ganz anderen Resultaten.
Ein reiner Machtmensch, und das ist F wohl eher nicht, hätte
das Powerplay im Unternehmen doch sehr viel konsequenter
für den eigenen, schnellen Aufstieg genutzt. Er hätte sich
nicht mit rührender, fast sensibler Empfindlichkeit über die
angreifbaren Führungsschwächen der Vorgesetzten ausgelassen. Er hätte derartig gute Chancen eiskalt genutzt, um an
diesen Herren zügig vorbeizuziehen, und dann sofort die eigenen Spielregeln durchgesetzt. Er hätte, ohne zu zögern,
diese neue Position durch linientreue Mitarbeiter abgesichert
und dann weiter ausgebaut.

Lautet ein erstes, schlichtes Resultat: In einem Unternehmen
ist alles relativ? Die von F geschilderten Erlebnisse beschrei-
ben ein beliebiges Einzelschicksal in einem austauschbaren
Konzern und führen deshalb zu individuell geprägten Erkenntnissen und Wahrheiten. Die Menschen reagieren nun
einmal sehr unterschiedlich auf gleiche äußere Bedingungen,
und aus diesem Grund wird manches auch für immer unbere-
chenbar bleiben müssen oder nach umfangreicher soziologi-
scher und psychologischer Detailanalyse unter Berücksichti-
gung des gesellschaftlichen Rahmens etwas besser verständlich.

Wie können wir auf einer derart schwankenden, emotional
geprägten menschlichen Basis überhaupt daran arbeiten, in
den Unternehmen Arbeitsbedingungen zu schaffen, die die

große Mehrheit der Beschäftigten als motivierend empfindet? Und wie gelingt es, die Gruppe der Unzufriedenen und Ausgesaugten zu schmälern und dafür die letztgenannte Abteilung der positiv gestimmten Mitarbeiter deutlich zu stärken?

Dass die dringende Notwendigkeit dafür besteht, ist aufgrund der vergleichbar schlechten Zustände, insbesondere in den Konzernen, wohl unstrittig.

Vielleicht sagen Sie aber auch ernüchternd: „Letztendlich blieb F doch auch nur die individuelle Lösung, aufzugeben und den Konzern zu verlassen. Das ist für mich leider ebenso der einzig noch sichtbare Ausweg, um mich aus einer durchaus ähnlichen Unternehmensrealität zu befreien. Aber wer kann sich diesen Schritt bei all den persönlichen Verpflichtungen überhaupt leisten? Das wäre doch schlicht verantwortungslos!"

Nein, glauben Sie mir, auch F wäre lieber geblieben, hätte gerne weiter gekämpft und die Verhältnisse in seinem Unternehmen geändert. Er beschreibt ja überzeugend, dass er viele Jahre ganz fest an eine Verbesserung, eine andere Unternehmenskultur, geglaubt hat und auch nur deshalb so lange dabeigeblieben ist. Aber irgendwann erlischt auch der letzte schwache Hoffnungsschimmer, und dann muss man, wenn es auch schwerfällt, gehen.

Doch warum muss es erst so weit kommen? Kann man nicht täglich und konsequenter als F etwas dagegen tun?

Um diese Frage zu beantworten, werden wir jetzt das unkonkrete „Wenn und Aber" schnellstens verlassen. Nehmen Sie einen letzten großen Schluck vom „Einerseits-und-Andererseits-Cocktail" und diese einleitenden Gedanken als das, was sie sind: ein ernsthafter Hinweis, dass F nicht den Anspruch hat, allgemeingültige und umfassende Musterlösungen zu liefern. Es geht ihm nicht um vollständige Erklärungen oder letzte Erkenntnisse.

Er hat ein großes persönliches Ziel, er will eine konstruktive Verbindung zwischen Arbeitszeit und Lebenszeit finden.

Und gilt das wirklich nur für ihn? Die Aussage, „dass kein Mensch am Ende seines Lebens gerne mehr Zeit im Büro oder der Fabrik verbracht hätte", verdeutlicht, dass trotz aller Individualität der Menschen in der Gestaltung motivierender Arbeitsbedingungen eine der spannendsten Herausforderungen unserer heutigen Arbeitswelt liegt. Es gilt, fast Unvorstellbares zu schaffen und der großen Mehrheit der Beschäftigten wieder den Sinn, den übergeordneten Nutzen und die Begeisterung für ihre Arbeit zu vermitteln. Möchten wir nicht alle auch unsere berufliche Lebenszeit als erfüllte Entwicklung, nutzbringende Wissensmehrung und persönliche Bestätigung empfinden? Auf die wir stolz sind und die anderen hilft, sich darauf aufbauend, weiterzuentwickeln? Wenn es gelingt, diese leider heute so weit verbreitete Negativwirkung des Arbeitsalltages grundsätzlich zu ändern, wenn nicht länger nur noch eine immer weiter schrumpfende Minderheit Sinn und Spaß an ihren Aufgaben empfindet, dann wäre das eine gigantische Effektivitätssteigerung für die Unternehmen.

WAS WIRKLICH WICHTIG IST

Aus Sicht der Unternehmensführung sollte man voller Stolz sagen können: „Nur motivierte Mitarbeiter sichern langfristig die Effektivität des Unternehmens und unseren Erfolg. Aus einer positiv erlebten Arbeitszeit ziehen wir aber nicht nur den geschäftlichen Vorteil, darin sehen wir auch unsere eigentliche gesellschaftliche Verantwortung. Aber selbstverständlich werden wir diese gesellschaftliche Verantwortung auch wie gewohnt definieren und den Kindergärten und Schulen, den sozialen Organisationen und allen vergleichbaren Hilfseinrichtungen Gutes tun."

Und individuell betrachtet, was sagt F dazu?

Verschaffen Sie sich Klarheit, in welcher Arbeitssituation Sie sich momentan befinden? Mit welcher Stimmung fahren Sie zur Arbeit?

Wer oder was stört Sie ganz konkret?

Wovon träumen Sie?

Und was sagt Ihre Umwelt?

Notieren Sie ein paar Stichworte, die Ihre aktuelle Situation und Ihre persönliche Stimmungslage charakterisieren. Und ziehen Sie dann ein Resümee und fragen Sie sich: „Passt dieses Bild noch zu meinen eigentlichen Vorstellungen?"

Jeder einzelne Mitarbeiter hat die große Chance, durch die inhaltliche Verbesserung seiner Arbeitsbedingungen eine einzigartige und im besten Sinne des Wortes lebensverlängernde Qualitätsmaßnahme zu ergreifen:

Auch Arbeitszeit sollte eigene, erfüllte Lebenszeit sein!

DA WAR DOCH NOCH WAS - KUNDEN

Jede Frau oder jeder Mann in einem Unternehmen bildet die alles entscheidende, menschliche Basis der vier klassischen Ausrichtungen eines Unternehmens: der Kunden-, der Mitarbeiter-, der Prozess- und auf diese aufbauend der Erfolgsorientierung. Das Überleben einer Firma hängt in erster Linie von der persönlichen Einstellung und dem Teamwork der Mitarbeiter ab und dann, zweitens, davon, dass auch noch das Zusammenspiel dieser ‚Orientierungen' reibungslos funktioniert. Im Idealfall arbeiten in einem Unternehmen hoch motivierte Mitarbeiter, die sich mit den Bedürfnissen ihrer Kunden identifizieren und ihnen nutzvolle, wirtschaftliche Lösungen anbieten. Unterstützt werden sie dabei, so die Theorie, durch „Best-in-Class-Produkte" sowie gut abgestimmte, schnelle, interne Prozesse. Damit generieren sie den wirtschaftlichen Erfolg.

Wenn es dann noch gelingt, diese betrieblichen Erfahrungen zu sammeln und weiterzuvermitteln, um dadurch die Erfolge zu duplizieren oder ganz neue Lösungsansätze kreieren zu können, dann ist das Wissen zur Kernsubstanz eines Unternehmens geworden. Theoretisch ein simpler Zusammenhang. Schnell beschrieben, gerne zitiert.

Und in der Praxis? Da scheitert die Ausrichtung bereits an der Basis, den daran beteiligten Menschen. Man mag das bedauern und noch intelligentere Automation oder softwaregestützte Entscheidungssysteme entwickeln. Solange diese wissensbasierten Systeme nicht zu selbstlernenden, komplexen Intelligenzen reifen, können sie nicht wirklich die Herrschaft übernehmen. Wir werden in der Praxis noch einige Zeit mit dem unberechenbaren Menschen auskommen müssen, und deshalb lohnt sich jeder Versuch, die heutige Situation in den Unternehmen nachhaltig zu verbessern.

Beginnen wir also mit der Kundenorientierung. In Fs Schilderung sehen wir zwei zeitliche Ebenen. Das bittere Endstadium eines bereits langjährig andauernden Verfalls, denn das Unternehmen hat sich so weit selbst ausgehöhlt, dass nur noch der erneute radikale Personalabbau eine minimale Überlebenschance bieten kann. Und eine zweite zeitliche Betrachtung, die über Jahre und Jahrzehnte den sehr erfolgreichen Aufstieg und anschließenden kontinuierlichen Verfall dieser durchaus austauschbaren Company dokumentiert. Wir konnten durchgängig beobachten, dass die individuelle menschliche Empfindung, der Nasenfaktor, in jedem Unternehmen und in jeder Position Gültigkeit besitzt. Für eine Vertriebsorganisation gilt das in besonderem Maße, denn von der funktionierenden emotionalen Schnittstelle zu den Kunden lebt das ganze Unternehmen. Am deutlichsten wird diese große Abhängigkeit, wenn die vertrieblichen Kundenansprechpartner radikal ausgewechselt werden. F berichtet davon, dass dabei eine unsensible und unabgestimmte Vorgehensweise fast den Geschäftsstillstand bewirken kann. Ein Kunde, der seinen langjährig vertrauten Ansprechpartner ohne für ihn nachvollziehbare Gründe verliert, empfindet das verständlicherweise als stärksten Vertrauensbruch. Eine aus Kundensicht willkürliche, regionale Zuordnungsänderung führt schnell dazu, dass mit dem neuen, fremden Kollegen gar nichts mehr verhandelt wird. Besonders dann, wenn, begründet oder unbegründet, zusätzlich auch noch von Beginn an eine persönliche Ablehnung besteht. In dieser Zeit muss nicht unbedingt der Wettbewerber sofort erfolgreicher agieren. Viel häufiger erlebt man, dass in großen Unternehmen nach einer gewissen Zeit, etwa nach zwei Jahren, doch wieder die ursprüngliche Zuordnung, natürlich als innovative Neuerung, eingeführt wird. Der ehemalige Ansprechpartner, so er noch an Bord ist, wird von den Kunden wie ein lange vermisstes und jetzt heimgekehrtes Familienmitglied herzlich begrüßt und nimmt bereits nach dem ersten Besuch mehr Aufträge mit als sein ungeliebter Vorgänger in den beiden vergangenen Jahren. Was ist passiert? Hier hat sich eine geschäftliche Partnerschaft auf der höchstmöglichen Beziehungsstufe entwickelt. Man kennt sich, man will gemeinsam arbeiten, und diese langjährige Basis ist absolut belastbar. Meist entwickelt sich ein so gutes Verhältnis erst nach größeren Krisen, die gemeinsam erfolgreich bewältigt wurden. Der Servicemitarbeiter, der Projektleiter, der Account Manager, aber auch die Führungskräfte, die dann sichtbar waren, bleiben in bester Erinnerung, und ihr Unternehmen, das sie so persönlich und engagiert repräsentiert haben, startet bei der nächsten Investitionsentscheidung gegenüber dem Wettbewerb ganz sicher aus der Pole Position.

In Fs letzten beiden Monaten wird die Kundenorientierung in der internen Diskussion, fast schon reflexartig, zwar immer als wettbewerbsentscheidend dargestellt, die Realität ist aber erschreckend anders. Da werden durchaus noch Gespräche mit den Kunden geführt, die Anforderungen sind danach aber oft nicht wirklich klar und keinesfalls eindeutig dokumentiert. Meist wurde nur viel versprochen, da man sich ja ein klein wenig immer noch für die Nummer eins hält.

So kommt man zufrieden vom gemeinsamen Kaffeetrinken zurück und erzählt in der Kantine und den Projektlisten von den innovativsten Lösungen. Mit dem eigentlichen Kundenproblem hat das aber oft nicht mehr viel zu tun. Dieser große Mangel an Aufmerksamkeit und Umsetzungsstärke entsteht besonders leicht, wenn sich die Gesprächspartner nur oberflächlich kennen und die Beteiligten nicht wirklich fachlich sattelfest sind. Der bereits einige Hundert Kilometer angereiste Consultant, der dem Mittelständler in der Provinz ein neues Servicekonzept anbieten soll, wurde vorher im besten Fall oft nur durch den Account Manager oberflächlich gebrieft. Um aber eine wirklich wirtschaftliche und individuelle Lösung zu erarbeiten, reichen nicht die einmalige, zweistündige Plauderei und die anschließende Kopie eines ähnlichen Vorgangs vor zwei Monaten. Peinlicherweise vergisst man dann auch noch gerne, die Fußzeile mit dem vorherigen Firmenlogo zu aktualisieren. Darin besteht das Kernproblem jeder Matrixorganisation, die versuchen soll, die Erstellung komplexer Lösungen in einer Flächenregion zu optimieren. Es gilt, die internen Ressourcen an zentralen Orten wirtschaftlich vertretbar bereitzustellen und gleichzeitig auch noch eine optimale und notwendige menschliche Kundennähe zu gewährleisten. Und die Lösung lautet oft nur, dass man zulasten der Mitarbeiter davon ausgeht, dass die mehrstündige Anreisezeit auch effektive Arbeitszeit ist, denn schließlich könnten die Kollegen dabei ja ständig telefonieren. Wie lange wird wohl dieser Consultant noch Kunden in der Provinz beraten wollen, wenn er ausreichend Projekte und Arbeit vor seiner Haustür generieren kann? Dieser Widerspruch und Qualitätsverlust wird oft erst dann in den Unternehmen erkannt, wenn sich die Kunden wirklich massiv beschweren, und das tun sie zumeist erst, wenn es bereits zu spät ist. So kann ein kleiner Mangel bei der Kundenorientierung den Erfolg nachhaltig verhindern.

Solange eine gute Beratungsqualität oder eine fachlich hochwertige Angebotserstellung nicht zur allgemein anerkannten, kostenpflichtigen Dienstleistung wird, ist jedes Unternehmen daran interessiert, den personellen und materiellen Einsatz bei allen Vorlaufaufwendungen zur Angebotserstellung zu minimieren. In vielen Fällen geht man dann recht forsch einen Schritt zu weit und die Angebote verkommen folgerichtig zu den von F beschriebenen „Marketing-Spruch-Sammlungen".

Existierte aber eine wirkliche qualitative Kundenorientierung in einem Unternehmen, dann müsste es doch darüber einen einfachen Rückkopplungsprozess geben, der der Leitung transparent anzeigt, dass das Problemverständnis, die Durchlaufzeit, die Lösungskompetenz der Angebote und die Leistungsfähigkeit der Mitarbeiter nachlassen. Es ist fast unglaublich: Dieses Feedback und alle Informationen liegen den Führungskräften offen vor, ganz managementlike, simpel und unkompliziert sichtbar. Durch Kundengespräche, durch einen kurzen Blick in aktuell erstellte Angebote, durch die schnelle Analyse der entstandenen Angebotskosten und nach Auftragsgewinn, durch einen Vergleich der Kalkulation mit den nicht kalkulierten und nicht verrechenbaren Aufwendungen im Projekt.

Diese Maßnahmen erfolgen auch, aber in aller Regel leider nur rein quantitativ, und sie dienen in erster Linie dazu, die Schuldigen zu benennen. Das heißt dann offiziell ‚Lesson Learned', aber bitte sehr, die Ursachen liegen doch wohl bei den persönlich Beteiligten, die es einfach nicht schaffen, in den langen Fahrzeiten effektiv zu arbeiten. Allenfalls noch beim größtmöglichen Querulanten, dem unverständlichen Kunden, aber nie in der personalgeschwächten und schlecht aufgestellten Organisation und sowieso nie bei der Führung.

Ehrliches Feedback und die Fähigkeit zur Selbstkritik, auf allen Ebenen, sind die wesentlichsten Voraussetzungen für die erfolgreiche Entwicklung einer langfristigen Kundenbeziehung.

In Fs Fall war die Situation vor den letzten beiden Monaten bereits hoffnungslos verfahren und wurde dann durch den verkündeten Personalabbau noch einmal so richtig chaotisch.

In dieser Situation wird auch der letzte Kunde hellwach, denn selbst wenn er diese Abbaumaßnahmen im Service und Veränderungen im Vertrieb nicht unmittelbar spüren sollte, er wird jedes neue Investment jetzt wesentlich genauer überprüfen. In dieser Extremsituation der letzten beiden Monate wird

besonders deutlich, dass die Kundenorientierung mit der Ge-
samtsituation des Unternehmens, der Organisationsform, den
internen Prozessen und der Mentalität der Mitarbeiter unmittelbar verzahnt ist.

Die Schwachstellen bei der Kundenorientierung können in
zwei Kategorien aufgeteilt werden: in organisatorische und
mentale Missstände. Bei organisatorischen Missständen besteht immer die Hoffnung auf Besserung. Selbst wenn es oft
unmöglich scheint, solange dem Unternehmen genug Zeit
bleibt, wird jeder Mangel bei der Kundenbetreuung früher
oder später erkannt und dann zumeist verändert und manchmal auch verbessert. Dagegen gehören die mentalen Missstände bei der Kundenorientierung zu den wirklich gefährli-
chen Faktoren: Ein Serviceregionalleiter, der prinzipiell keine
Kunden besuchen möchte, weil es ja so viele sind, und der,
wenn er dann doch nach einer größeren Störung dem Kunden
widerwillig Rede und Antwort stehen muss, sich so ausge-
sprochen arrogant verhält, dass er fast rausfliegt und Haus-
verbot erhält. Eine Consultingleiterin, die das persönliche,
klärende Telefonat mit dem Kunden zur schnelleren Angebotserstellung ablehnt und grundsätzlich glaubt, dass direkte
Kundenkontakte nicht zu ihrem Jobprofil zählen. Ein Vertriebskollege, der gerne tagelang im Büro sitzt und angeblich
Informationen über seine Kunden googelt, aber in Wahrheit
nur sein Level bei Computerspielen perfektioniert, weil doch
die Zukunft des eigenen Unternehmens für ihn persönlich so
schrecklich unklar ist. Ein Abteilungsleiter, der jeden internen Termin höher wertet als die alles entscheidende Präsenta-

tion beim Kunden. Klingelnde Telefone, die nicht abgenommen werden, weil man gerade so gemütlich Kaffee trinkt und über die Wochenendplanung spricht. Aufwendig protokollierte Maßnahmen zur besseren Angebotserstellung, die dann doch keiner jemals liest, geschweige denn umsetzt.

Vorstehende Fälle zeigen die offensichtlichen Verweigerer oder Defizite bei der Kundenorientierung. Da weiß man wenigstens, woran man ist.

Das geht jedoch auch viel versteckter, denn manchmal wird das jämmerliche Theater, das gerne im Job gespielt wird, schonungslos aufgedeckt.

Haben Sie sich auch schon mal auf der Fahrt zur Arbeit über eine absolut dämliche Fahrweise des Vordermanns geärgert? Bei nächster Gelegenheit, zeigen Sie es ihm dann und brausen mit den Worten: „Was für ein Depp bist du denn?", wild schimpfend und gestikulierend vorbei. Und dann erstarrt Ihr Zorn und friert schockartig zum kältesten Schweiß. Da sitzt Ihr Topkunde, Ihr ständiger Gesprächspartner, hinter dem Steuer und Sie wissen sofort, er hat Sie erkannt und er hat alles wortlos verstanden. Viel Erfolg, wenn Sie Ihre übliche Maskerade des so überaus freundlichen Lieferanten später am Vormittag, beim nächsten Telefonat mit ihm, noch fortsetzten wollen.

Oder Sie werden von einem Außendienstmitarbeiter angerufen und freundlich säuselnd, mit ganz außergewöhnlichem, fast liebevollem Charme umworben. Noch weiß der Anrufer nicht, dass er sich vertan hat und keineswegs bei der Firma gelandet ist, der er etwas verkaufen möchte. Und ich bin mir sicher, Sie haben eine derartige Situation bereits erlebt. In dem Moment, in dem Sie sich zu erkennen geben, ist die ganze Schmuserei in Sekundenbruchteilen vorbei: Mit völlig liebloser, genervter Stimme wird ohne jeden Charme aufgelegt. Diese Beispiele ließen sich beliebig fortführen, F berichtet ausführlich davon. Also hat nicht nur die fehlende Kundenorientierung des Einzelnen fatale Folgen. Auch aufgesetzte Freundlichkeit, das antrainierte Rollenspiel können für die Beteiligten besonders schädlich enden, denn irgendwann werden Sie diese Maske unvorsichtigerweise ablegen. Meistens geschieht das bereits ganz bewusst, wenn Sie nach Hause kommen.

Der folgende Blick auf die langfristigen Aspekte der Kundenorientierung eines Unternehmens zeigt, dass sich die Kunden und der Markt kontinuierlich ändern und jeder ständig auf neuen Wegen seinen Vorteil sucht. Da kann es durchaus sein, dass ein Kunde genau diese immer so hoch gelobte Nähe zwischen zwei Partnern ganz bewusst nicht mehr wünscht. Man sieht dann anscheinend in einer rein kaufmännischen und teilweise juristischen Kommunikation einen großen geschäftlichen Wettbewerbsvorteil. Vielleicht hat man aber aus Sicht der Unternehmensleitung dieses Kunden auch nur schlicht Angst davor, dass die wirtschaftliche Transparenz verloren geht. Wenn man sich so gut kennt, wird dann wirklich in bestmöglicher Weise auf die Kosten geachtet und das Optimum ausgehandelt? Es gibt immer wieder Unternehmen, die ihre eigenen Einkäufer perfekt auf brutale Seelenlosigkeit trainieren und ständig rotieren lassen. Diese Einkaufsroboter sind immer nett, immer freundlich, in der Sache aber nicht hart und fair, sondern schlichtweg auf maximale Unverschämtheit programmiert. Sie agieren mit allen nur denkbaren unfairen Verhandlungstaktiken und Verhaltensformen, die nur ein Ziel haben: den Vorteil für das eigene Unternehmen rücksichtslos durchzusetzen. Derartig konditionierte und vor allem auch provisionierte Einkäufer, Profis für erpresserische Verhandlungstechniken, grüßen einen noch mittags freundlich und fast warmherzig in der Innenstadt, um dann Stunden später wie seelenlose Dummys ihren Partnerschaft verachtenden Optimierungsjob durchzuziehen. Sie schaden den gutgläubigen Anbietern ganz bewusst und kalkulieren sogar massive Probleme ihrer Partner ein, die bis zur Insolvenz reichen können. Ganz besonders beliebt sind immer wieder aufgeschobene Zahlungsziele, sei es durch die ständige Erfindung neuer Mängel oder durch schlichtes „Nicht-Zahlen", weil man das Quartalsergebnis des eigenen Unternehmens damit noch positiv aussteuern kann. Wer derart mit seinen Zulieferern umgeht, kann der selbst wirklich kundenorientiert handeln?

Jedes halbwegs solide Unternehmen wird daran interessiert sein, derartig unfaire und unattraktive Geschäftspartner schnellstmöglich an den Wettbewerb weiterzureichen. Damit ist dieser erst einmal kräftig beschäftigt, man muss nicht die eigene juristische Abteilung kostenintensiv aufbauen, und unser ausgefuchster Einkäufer und Kunde wird weiterhin einen großen Teil seiner eigentlichen Chancen, die sich nur in einer gleichberechtigten, langfristigen Partnerschaft entwickeln können, nicht nutzen.

Weitere Aspekte einer fehlenden Kundenorientierung werden von F zwar beschrieben, aber anscheinend lief es, trotz offensichtlicher Defizite, viele Jahre auch recht ordentlich. Es folgen zwei neutrale, fast konstruierte Beispiele, von denen er aber durchaus auch noch berichtet haben könnte.

Stellen Sie sich bitte einmal vor, der Technikvorstand eines sehr großen Unternehmens lässt immer nur seine Gattin beim gehobenen Zeremoniell des Nachmittagstees darüber entscheiden, welches Design das neue Handy, die neue Bohrmaschine oder die neue Kaffeemaschine letztendlich bekommt. Stellen Sie sich weiter vor, dieser Vorstand ist dazu noch ein selbstverliebter menschlicher Fixstern, dass er grundsätzlich nur auf Veranstaltungen erscheint, bei denen vorher sein Sekretariat aufwendig, aber unmissverständlich sichergestellt hat, dass er auch den Sitzplatz mit der Nummer eins erhält.

Und der darüber hinaus bei jedem großen Kundenevent penibel dafür sorgt, dass er nicht unvermittelt von den eigenen, teilnehmenden Kunden seines Unternehmens angesprochen wird. Wenn also, von außen betrachtet, recht absurde, fast lächerliche Dinge passieren und wenn zusätzlich das ganze Unternehmen auch noch offensichtlich nur mit sich selbst vollkommen ausreichend beschäftigt ist und die Kundenwelt, irgendwo weit draußen, nicht mehr wahrnimmt, was bedeutet das dann eigentlich?

Dann bedeutet das noch lange nicht, dass seine „bessere Hälfte" zwangsläufig gleich beim ersten, zweiten oder dritten Mal mit ihrer Entscheidung irrt und wirklich meilenweit vom Markttrend entfernt liegt. Im Gegenteil, vielleicht entdeckt sie, gerade weil sie gegen den herrschenden Zeitgeist denkt und entscheidet, die riesige Chance für das Unternehmen im bisher nicht im Fokus stehenden Markt der weiblichen Kundschaft. Der Vorstand wird für diese unkonventionelle Entscheidungspraxis dann natürlich als innovativer Trendsetter mit genialem Managementansatz international bejubelt werden.

Und das bedeutet dann auch nicht zwangsläufig, dass sich seine Sitzplatzmarotte, sein arroganter Umgang mit der Kundschaft unmittelbar schädlich auf das Geschäft auswirken.

Vielleicht belächelt man ihn dafür nur und stellt einfach mehrere Plätze mit der Nummer eins für derartig spleenige Gäste zur Verfügung und das war's dann auch schon.

Selbst wenn ein derartiger Affront, das Gespräch mit einem Kunden auf Vorstandsebene zu versagen, einmal dazu führen sollte, dass dieses Unternehmen in der Folge jeglichen Geschäftskontakt aufkündigt, dann ist das für viele große Konzerne oft nicht weiter bedeutend. Vielleicht hat man sich zwischenzeitlich einige Prozent Marktanteile einfach in Übersee dazugekauft. Wen interessiert dann schon, wenn selbst noch Generationen von Vertriebskollegen, viele Jahre später, vergeblich versuchen, wieder die eigenen Produkte und Lösungen in diesem verprellten Unternehmen zu platzieren?

Eine Firma die nur mit sich selbst beschäftigt ist, muss nicht zwangsläufig kurzfristig daran zugrunde gehen. Im Gegenteil, die Überlebenskräfte einiger Unternehmen und Organisationen scheinen geradezu unerschöpflich zu sein. Das interne Immunsystem hat offensichtlich schon längst versagt, und wohin man auch blickt, überall ist der langsame Verfall deutlich sichtbar. Verärgerte Kundschaft, hohe Frustration bei den Mitarbeitern, ein gescheitertes Produktmanagement, ein miserabler Service und trotzdem wurde am Ende des Jahres, wie durch ein Wunder, auch in diesem erbärmlichen Zustand noch ausreichend Geld verdient. Wieder ein Jahr mehr klopfen sich dann die Vorstandskollegen für ihre herausragende Managementleistung anerkennend gegenseitig auf die Schultern und lassen schnell durch ihr Sekretariat eine flotte Dankes-Mail an alle Mitarbeiter formulieren.

Aber woran liegt das? Warum sind ganz offensichtliche Fehlentwicklungen bei der Kundenorientierung manchmal anscheinend so wenig abträglich für den Unternehmenserfolg? Ist der sumpfige Blick des Einzelnen, egal ob Mitarbeiter oder untere Führungskraft, vielleicht wirklich so perspektivisch, so sehr amphibisch eingeengt, dass er die eigentlichen Zusammenhänge angesichts der Größe des Unternehmens gar nicht überblicken kann? Eine Größe, die anscheinend auch das unmöglichste Verhalten eines Vorstandes schadlos erträgt. Sieht der einzelne Mitarbeiter in seiner kleinen, beschränkten Unternehmenswirklichkeit nur unbedeutende, lokale Probleme, die aus der Perspektive einer umfassend informierten Unternehmensleitung durch große Vorteile an anderen Stellen mehr als ausreichend kompensiert werden?

Die Antwort darauf ist eindeutig: Wenn Mitarbeiter ihre Arbeitsbedingungen oder die vorgegebenen Prozessschritte als unproduktiv und hinderlich empfinden, wenn sie fehlende Kundennähe, nicht ausgereifte Produktentwicklungen monieren und bessere Führungsqualität einfordern, dann ist die Situation schlecht und sie bleibt auch so lange schlecht, bis nicht genau diese Schwachstellen des Unternehmens beseitigt wurden.

Manchmal liegt die einfache Erklärung, dass sowohl von der Unternehmensleitung als auch den Mitarbeitern nichts nachhaltig für eine Verbesserung getan wird, darin, dass das Unternehmen in früheren Jahren eine wunderbare, fast beherrschende Marktposition aufbauen und damals seine Kunden mit sehr langfristigen Verträgen binden konnte. Und jetzt wird Jahr für Jahr einfach nur geerntet und von dieser geerbten Substanz sehr gut gelebt. Klar, in einigen Jahren laufen dann alle Verträge aus und man macht sich auch hin und wieder durchaus ernste Gedanken über die Zeit danach. Ein wirklicher Existenzdruck besteht aber noch lange nicht, man ist ja doch weiterhin unstrittig die Nummer eins im Geschäft. In diesem Bewusstsein entwickelt man munter immer differenzierter die doch einst so erfolgreiche Technik, lässt die Ehefrau entscheiden und verpasst dadurch leider den letztmöglichen Zeitpunkt, um mit Nachdruck etwas Neues zu beginnen.

Und warum rebellieren in einer derartigen Situation nicht die Kunden? Sie betreiben Systeme, die ebenfalls bereits jahrelang im so genannten „eingeschwungenen Zustand" laufen. Die meist wenigen Störungen hat man bei der bekannten Technik sehr schnell und sicher im Griff. Solange also nicht der Wettbewerb mit deutlich günstigeren Lösungen und durch neue, überlegene innovative Technik den Markt aufmischt, ahnt der Kunde oft nicht einmal, wie viel besser die Konditionen oder der Service sein könnten.

In Fs Unternehmen war wohl genau der vorstehend beschriebene Zustand der Fall. Alle wussten, in diesen guten Zeiten muss sich das Unternehmen rechtzeitig auf die Zukunft einstellen und neue Produkte und Lösungen entwickeln. Man sprach auch offiziell mit den Kunden über diesen notwendigen Wandel, inszenierte die teuersten Messeauftritte, aber verlor sich letztendlich in einem inkonsequenten Zick-Zack-Kurs zwischen Alt und Neu. Denn es gab immer noch gerade rechtzeitig, bevor man entschieden handeln musste, neue kaufmännische Kniffe und Tricks, diese abschmelzende Substanz vorteilhaft zu bewerten und ein weiteres Geschäftsjahr als Sieger dazustehen. Leider entwickelt man aber keine wirklich guten Ideen mehr, wenn der Markt und die Kunden bereits danach verlangen und andere Unternehmen mit ihren innovativen Leistungen schon überzeugen konnten.

Bis vor Kurzem war noch eine zweite Erklärung durchaus wahrscheinlich. Manche Firmenleitungen zocken schon mal gerne auf den internationalen Finanzmärkten, um neben dem eigentlichen Geschäft den großen Deal zu landen. Dann berichtet man voller Stolz in vertrauter Unternehmerrunde, dass durch geschickte Transaktionen, durch Wechselkursgewinne oder kurzfristige Beteiligungen wesentlich mehr Ergebnis erwirtschaftet wurde als mit der eigenen Produktion. Die ureigene, langjährige Unternehmensleistung wird zum banalen Nebenprodukt abqualifiziert und so etwas spricht sich schnell im eigenen Unternehmen herum. Weshalb sollte denn der Einzelne überhaupt noch kundenorientiert agieren, wenn sich das Unternehmen doch alles kaufen kann? Kennen Sie in Ihrem beruflichen oder privaten Umfeld etwa keine Mitmenschen, die Ihnen vor nicht allzu langer Zeit vollkommen überzeugt erklärt haben, dass heutzutage eigentlich nur noch die Dummen zur Arbeit gehen, weil sie nicht richtig spekulieren wollen oder können? Zugegeben, diese Fälle haben aufgrund der aktuellen Ereignisse und verlustreichen Erfahrungen drastisch abgenommen. Aber das wird schon wieder, da bin ich mir ganz sicher.

WAS WIRKLICH WICHTIG IST

Was benötigt ein Unternehmen für eine erfolgreiche Kunden-orientierung?

Eigene Mitarbeiter, die bereit sind, sich mental auf ihre Kunden und deren Bedürfnisse zu konzentrieren und auch die notwendi-gen organisatorischen Rahmenbedingungen erhalten, sich darauf konzentrieren zu können. Und Kunden und Zulieferer, die ebenso eine wirkliche Partnerschaft der beiden Unternehmen leben möchten und darin ebenfalls ihren langfristigen Vorteil sehen.

Und was sagt F dazu?

In vielen Unternehmen, und den Maßstab setzen immer zuerst die Führungskräfte mit ihrer ‚Vorbildfunktion‘, ist die Kunden-orientierung offensichtlich nur ‚Mittel zum Zweck‘. Alle reden zwar sehr gerne darüber, aber sie versuchen, mit leblosen Ge-sichtsmasken zu lächeln, agieren mit laienhaft verstellter Stimme und reichen dem Kunden das Futter mit der Hand.

Erst wenn der einzelne Mitarbeiter, egal ob Vorstand oder Haus-meister, die Kundenorientierung zu seiner ganz persönlichen Herzensangelegenheit macht, wird die Kundenorientierung glaubwürdig und richtig erfolgreich.

Nutzen Sie die tägliche Chance, sich durch ausgeprägte und ehrliche Kundenorientierung große persönliche Bestätigung durch Ihre Arbeit zu verschaffen. Das heißt aber nicht, jeder Ma-rotte und groben Unverschämtheit eines Kunden ausgeliefert zu sein. Was nicht auf gleicher Augenhöhe geschieht, ist nicht ak-zeptabel und schadet nur.

In einem Unternehmen, in dem Sie ohne nachvollziehbare Erklärung behindert, ausgebremst und sogar belächelt werden, wenn Sie sich kundenorientiert verhalten, nimmt man Ihnen einen wesentlichen Teil der Arbeitsqualität.

MANCHMAL WIE KABELSALAT - PROZESSE

Damit gelangen wir zu dem zweiten Erfolgsfaktor: der Prozessorientierung eines Unternehmens. Bei diesem Thema hat sich F richtiggehend ausgetobt. Es ist hier nicht notwendig, zwischen der Prozessorganisation, dem -management oder der kontinuierlichen Prozessverbesserung detailliert zu unterscheiden.

Kein Unfug wirkt in einem Unternehmen so nachhaltig negativ wie unnötige, bürokratische Hürden und schlechte interne Abstimmung. Am Beispiel der vorstehend im Rahmen der Kundenorientierung diskutierten, qualitativen Angebotserstellung wurde ja bereits deutlich, wie demotivierend sich fehlendes Qualitätsbewusstsein auf alle Beteiligen auswirkt. F hat sicherlich nicht den Anspruch, als Organisationsexperte zu gelten. Wenn man ihn und viele andere, die gerne schärfste Systemkritik üben, nach Prozessarten, den Elementen der Prozessplanung, der -steuerung oder des -controllings fragen würde, kämen sehr wahrscheinlich recht überschaubare Antworten. Ist Ihre Kritik trotzdem berechtigt? Muss der Mitarbeiter wirklich differenziert analysieren können, ob der Marketing-, der Design- und Planungs-, der Beschaffungs-, der Produktions-, der Versand-, Abrechnungs- oder Controllingprozess oder allgemeiner die dispositiven und nicht die operativen Prozesse, die Makro- oder Mikroprozesse verbesserungswürdig sind, bevor er Kritik äußern darf? Nein, ganz sicher nicht! Auch wenn es lediglich das „Bauchgefühl" ist, dass etwas nicht rund läuft und die Mitarbeiter anscheinend

nur pauschale Kritik an den internen Abläufen äußern können, Kritik bleibt Kritik, muss ernst genommen, geprüft und
immer als Chance verstanden werden. Aus Sicht der Führungskräfte und Unternehmensleitungen wird diese aber sehr
oft nur als Ventil der Bremser, der Bequemen, der ewig Gest-
rigen, die sich aus Eigennutz gegen das Neue stemmen, abqualifiziert. Oft mit dem zusätzlichen ,Argument', die Kritik
erfolge ja nur oberflächlich und pauschal, denn selbst die Kri-
tiker könnten ja noch nicht einmal eine bessere Alternative
vorschlagen.

Und damit sind wir wieder beim Kernproblem, den Empfind-
lichkeiten der beteiligten Menschen. F schildert ausführlich,
wie unternehmensweite Neuorganisationen auch zwangsläufig eine radikale Prozessveränderung mit sich bringen. Auch
für ihn ist dieser Wandel zwingend notwendig, denn niemand
wird ernsthaft verlangen, auf sich ständig verändernde Märkte und Techniken immer mit den gleichen Hausmitteln, der
gleichen Vorgehensweise oder Aufstellung zu reagieren. Das
von F genannte Beispiel eines grundlegenden Wandels in der
Serviceorganisation bietet sich aber für eine etwas genauere
Betrachtung an. Wenn die Techniker nicht mehr Drahtbrü-
cken löten, um vor Ort beim Kunden Systeme zu reparieren,
wenn sie auch schon lange keine Leiterplatten oder ganzen
Systemeinheiten einfach austauschen, sondern in über neunzig Prozent aller Störungen nur noch von einer Remotestation
aus ein entsprechender Softwarepatch eingespielt wird, dann
kann man, persönlich verständlich, den guten alten Zeiten
nachtrauern. Man kann lange darüber klagen, dass diese Ar-

beit nicht mehr existiert und derartige mehr oder weniger anspruchsvolle Tätigkeitsfelder ersatzlos gestrichen wurden. Im schlechtesten Fall finden sich die ehemaligen Experten nach und nach auf den Personalabbaulisten wieder, weil sie nicht weitergebildet wurden oder das bedauerlicherweise auch nicht mehr wollten. Die immer weiter voranschreitende technische Entwicklung stoppt deshalb jedoch nicht, und die Kunden sind auch nicht bereit, auf neue Techniken und damit zu erzielende Vorteile und Einsparungen zu verzichten. Aus Fs Schilderung wissen wir jedoch, dass diese organisatorischen Veränderungen sehr oft über das eigentliche Ziel hinausschießen. Sie erinnern sich an die international aufgestellten Service-Center, von denen er berichtet hat? Eine aus globaler Unternehmenssicht einfache Rechnung: Die Dumpinglöhne in Indien, Pakistan oder Malaysia garantieren selbst bei höheren Infrastruktur-, Leitungs- oder Ausbildungskosten einen satten Überschuss. Zumindest so lange, bis sich alle Anbieter auf dieses System eingestellt haben und durch den Wettbewerbsdruck der ursprüngliche Vorteil nach und nach an den Markt weitergegeben werden muss. Die für eine derartige „Following the sun"-Servicestruktur notwendige interne Prozessorganisation und das dazugehörige Prozessmanagement sind schnell auf ein Flipchart gezeichnet, aber in der tückischen Umsetzungsphase ignoriert man dann gerne den von F immer wieder erwähnten „Faktor Mensch". In der rückblickenden Gesamtbetrachtung ist die anfänglich errechnete Einsparung durch die zunehmende Verärgerung der Kunden und durch die letztendlich sogar deutlich höheren internen Aufwendungen zur Klärung und Fehlerbehebung, rasch wieder aufgebraucht. Hinzu kommt, dass ein professionelles Prozesscontrolling oftmals nicht konsequent stattfindet, da die Schöpfer dieser Ideen sich nie selbst infrage stellen werden.

Die Idee der Internationalisierung ist ja nicht grundsätzlich schlecht, nur die damit verbundene Herausforderung wurde offensichtlich unterschätzt. Man kann in lokalen Heimatmärkten, mit vielen Tausenden Kunden, nur überleben, wenn man die eigenen Serviceprozesse beherrscht.

Oft „argumentieren" die Verantwortlichen dann auch noch: „Das sind grundlegende Prozessmängel, die immer wirken, selbst wenn der Servicestützpunkt in direkter Nachbarschaft zum Kunden liegt!"

Ja, richtig, meine Herren, genau darum geht es ja. Der bestausgebildete Systemexperte, egal ob er in Delhi, in Paderborn oder Amerika sitzt, kann nicht helfen, wenn das System ihm keine genaue Informationen über die Installation, die Softwarestände und weitere Standorte des Kunden anzeigt oder der Kunde vielleicht noch gar nicht im System erfasst wurde. Solange es aber noch ausreichend Techniker in der Fläche gab, konnten diese Defizite wenigstens durch einen direkten Vor-Ort-Einsatz behoben werden. Der Kunde spürte, dass etwas getan wurde. Ein mangelhafter Prozess zerstörte nicht gleich die gesamte Kundenbeziehung. Hier wurde, wie so oft, ein unreifes System viel zu früh den Kunden zugemutet.

Richtig kompliziert werden aber erst die darüberliegenden, eher emotional begründeten Prozesshindernisse. Ein gutes Beispiel dafür sind die von F beschriebenen, internen Mail-Kriege, in denen sich Beschäftigte nur noch nach allen Seiten absichern. Auch dieses Beispiel zeigt, dass es eine organisatorische und eine mentale Problemursache gibt.

Warum entstehen derartige Fehlleistungen? Oft stimmt die Zusammensetzung der Planungsverantwortlichen nicht und eine sorgfältige Abstimmung der einzelnen Prozessschritte findet nicht statt. Entweder agieren nur wenige, meist selbsternannte, interne Vordenker und Architekten, die auch keine objektiv analysierenden Experten mit entsprechender Umsetzungserfahrung neben sich dulden und als Machertypen alles am grünen Tisch entscheiden. Manchmal werden die Beteiligten sogar offiziell gefragt und mit wenigen ausgewählten Repräsentanten eingebunden. Das sind dann aber leider nur Galionsfiguren, die die zu erwartende Kritik der Mannschaft aushebeln sollen. Pro forma bildet man Arbeitskreise, sammelt Ideen und gibt den Kollegen einen klar begrenzten Sandkasten zum Spielen frei. Die eigentlichen Entscheidungen haben aber mit diesen Ergebnissen der Mitarbeiter in der Regel überhaupt nichts zu tun.

Oder, genauso falsch, man setzt ausschließlich auf externe Berater, die oft nur den rein wirtschaftlich technokratischen Vorteil verkaufen und der individuellen Unternehmensseele nie begegnen werden.

Nur selten gelingt es, bei derartigen Prozessänderungen auch einen optimalen Transformationsprozess vorzuleben.

Dazu gehört, dass nicht nur die vor Ort Beteiligten überzeugt werden, eine große Ausnahme ist auch immer noch die eigentlich zwingende Einbindung der Kunden, denen ja diese Veränderung zugute kommen soll.

Wenn ein neues Automodell entwickelt wird, untersucht man schon seit vielen Jahren die Reaktion der zukünftigen potenziellen Käufer und analysiert akribisch ihre versteckten Augenaufschläge bei der Betrachtung der neuen Außenspiegelform oder des farbigen Frontscheinwerferglases. Wenn aber eine Serviceorganisation sich quasi auf ein neues Zeitalter einstellen muss und man fast alle internen Abläufe betrachtet und verändert, dann fragt niemand die davon später betroffenen Kunden, ob sie damit überhaupt leben können. Ist das nachvollziehbar?

An diesem Beispiel zeigt sich deutlich, wie sehr die einzelnen Bereiche, hier die Prozess- und die Kundenorientierung, miteinander verwoben sind. Halten wir als Zwischenergebnis fest: Auch Kunden können ungefragte Frösche sein.

F schildert zu dem Thema ‚Prozesse' noch einen weiteren exemplarischen Vorgang, wie auch eine Einkaufsorganisation ganz ähnlich die „Rechnung ohne den Wirt" macht und sich nach der anfänglichen Euphorie über die zu erwartenden, gigantischen Einsparungspotenziale sehr schnell Ernüchterung bei allen Beteiligen einstellt.

Die Prozessgestaltung ist ein äußerst sensibler Indikator auch bereits für die feinsten atmosphärischen Störungen im Betrieb.

Hier trauen sich die Beschäftigten erstaunlich früh und offen zu kritisieren und Verbesserungsvorschläge zu formulieren. Die miserable Führungsqualität eines unfähigen Vorgesetzten wird dagegen meist noch jahrelang ausschließlich hinter vorgehaltener Hand bemängelt.

Pauschale Patentrezepte gibt es auch in diesem Fall nicht. Es wäre jedoch schon ein großer Schritt, wenn immer ausgewiesene Experten, die dieses Handwerk wirklich gelernt haben, die die entsprechenden Tools beherrschen und nicht in jede Falle tappen, diese Aufgabe, zumindest begleitend, übernehmen würden.

Leider jedoch hat sich hier bei vielen Unternehmensleitungen und Führungskräften die Überzeugung durchgesetzt: „Das können wir selbst viel besser. Nur wir verstehen was von unserem Geschäft." So übernimmt der Servicechef gleich noch die Verantwortung für den gesamten technischen und kaufmännischen Innendienst und definiert dann eben mal die internen Prozesse der Leistungsverrechnung neu. Oder er wechselt, was kann denn dort schon groß anders sein, zwischenzeitlich in die Gesamtverantwortung einer Vertriebsorganisation und übernimmt dafür praktischerweise die Controllinginstrumente seines geliebten Service. Und anschließend geht es international weiter, weil vielleicht gerade keine andere Stelle frei ist, oder weil er ahnt, dass die von ihm im

Vertrieb hinterlassenen Kerben jetzt zu schmerzlichen Auswirkungen führen. Von denen distanziert man sich besser
rechtzeitig.

Diese Multitalent-Manager, das ist doch vorhersehbar, agie-
ren außerhalb ihrer ursprünglichen fachlichen Heimat nur
auf sehr oberflächlichem Niveau. Und was ist der eigentliche
Grund dafür? Die Kollegen wollen bei Umstrukturierungen
versorgt sein. Anders als in den niederen Rängen wird hier
Fürsorge noch ernst genommen. Aber natürlich nur, wenn die
Beziehungen auch stimmen. Halten wir fest: Oft sitzen in einem
Unternehmen die wirklichen Frösche in den oberen Etagen.

In Fs persönlichem Arbeitsgebiet, dem Vertrieb, berichtet er
von einer gewaltigen, explosionsartigen Entwicklung der
Toollandschaft und der internen Controllingwerkzeuge. Hier
verschärfte sich die Kontrolle der einzelnen Vertriebsmitar-
beiter in raschem Tempo. Zeigt das vielleicht nicht nur, wie
sehr das Unternehmen in diesem Bereich bislang anscheinend
den weltweiten Standard ignoriert hat, ähnlich wie im Servi-
cegeschäft, und dass es nun mit Nachdruck diesen vermeintlichen Rückstand aufholen will, um aus der Sicht potenzieller
Partner attraktiver zu werden? Ergebnisse dieser systemati-
schen Verschärfung der Berichterstattung sind aber nicht
zwangsläufig eine höhere Wettbewerbsfähigkeit, die bessere
und erfolgreichere Angebotserstellung und ein gesteigerter
Auftragseingang. Der bis zu einem gewissen Grad durchaus
notwendige und sinnvolle Druck, der durch klare Zielvorgaben
und Commitments erzeugt wird, ist sehr schnell nicht mehr
angemessen dosiert. Die beabsichtigte, heilende Wirkung

wird zur giftigen Überdosis. Sowohl bei den direkt an der Kundenschnittstelle agierenden Account Managern als auch bei ihren Führungskräften bewirkt dieser übermäßige Berichterstattungs-, Kontroll- und Erklärungszwang nur eines: Man lähmt das Geschäft, weil man unverhältnismäßig viele Ressourcen dafür bindet. Die internen Regeln, Prognoseanforderungen und eine ausgefeilte Online-Überwachung werden zwar zum Selbstschutz von den Mitarbeitern pflichtbewusst eingehalten und ertragen, die notwendige Kreativität, das erfolgsgewohnte Selbstbewusstsein und ein souveräner Optimismus können sich in dieser einengenden Kontrolllandschaft aber nicht mehr entfalten. Das Resultat sind bereits nach wenigen Quartalen ausgebrannte Menschen ohne jeglichen Optimismus, die im besten Fall nur zum Sarkasmus neigen oder in der vertrieblichen Prozessorganisation eine interessante Spielmöglichkeit sehen. Die ursprüngliche Motivation und Erfolgsorientierung werden dadurch ausgebremst und fehlgeleitet.

Was benötigt ein Unternehmen für die langfristig erfolgreiche Prozessorientierung? Vor allen Dingen mehr Profis, die diesen Job erledigen. Wirkliche Fachleute, die handwerklich geschult und erfahren genug sind, nicht nur auf die Menschen in den Unternehmen, sondern auch auf die Kunden einzugehen und diese erfolgreich mit einzubinden. Wenn die Methoden und Werkzeuge bei der Umsetzung einer neuen Organisationsform, eines neuen Teilprozesses oder eines umfassenden Servicekonzeptes verständlich diskutiert und kommuniziert werden, dann passiert etwas fast Unglaubliches. Die Menschen werden sich für die notwendige Veränderung begeistern, diese auch gemeinsam vorantreiben und dadurch bleibenden Erfolg für das Unternehmen generieren.

WAS WIRKLICH WICHTIG IST

Aus Sicht der Unternehmen sollte man sagen:

Die internen Prozesse sind unsere Lebensversicherung. Wenn wir uns dabei Mängel erlauben, dann verlieren wir jeglichen Überblick. Bei den kontinuierlich notwendigen Anpassungen dieser Prozesse arbeiten wir grundsätzlich mit ausgewiesenen Organisationsexperten zusammen und besonders sorgfältig prüfen wir, ob die gewünschten Resultate auch von den Betroffenen – Kunden, Mitarbeiter, Zulieferer – positiv unterstützt werden.

Und was sagt F dazu?

„Prozesse" sind notwendige Leitplanken, um die Abläufe im Unternehmen zu strukturieren und die gesetzten Ziele zu erreichen. Schalten Sie, weil anscheinend alles so schön von anderen geregelt wird, aber nicht gleich Ihren Kopf ab. Machen Sie niemals einfach nur Dienst nach diesen Vorschriften. Betrachten Sie immer den gesamten Ablauf, das Zusammenspiel aller Beteiligten und fordern Sie Erklärungen, wenn Ihnen dabei Unstimmigkeiten auffallen.

Jede hemmende Kontrolle und jede unnötige Schnittstelle, die Sie abbauen können, verschafft Ihnen nachhaltige Erfolgserlebnisse und verbessert deutlich Ihr persönliches Arbeits-Wohlbefinden.

WIR SIND DIE FIRMA – MITARBEITER

Was hat F also in seinem Unternehmen nun wirklich erlebt?

Eine sich langsam aufbauende, zu Beginn unkritisch erscheinende Gleichgültigkeit, die später, als man nur noch kurzfristig reagieren kann, mit fatalen Auswirkungen endet. Denn nicht nur in der Kunden- und Prozessorientierung war man fast leichtsinnig verfahren, auch der Erfolgsfaktor Mitarbeiterorientierung wurde mehr und mehr ausgeblendet. Sie war zwar nicht unbedeutet geworden, das hätte niemand so gesagt, es ging jahrelang allen vielleicht einfach nur zu gut, und die Aufmerksamkeit ließ deshalb schleichend nach.

Die Mitarbeiter konnten materiell keinesfalls klagen, denn in ertragreichen Jahren stimmen meist die äußerlichen Arbeitsbedingungen wie das Einkommen und das Sicherheitsgefühl und es wird für den externen und internen Auftritt viel herausspringen: pompöse Kundenveranstaltungen für den Vertrieb, großzügige Firmenfeste, bestausgestattete Dienstwagen, ergonomische Bürostühle, moderne Wasserspender auf den Fluren, eine attraktive betriebliche Altersvorsorge und noch mehr vorsorgliche Kreislaufkuren und Grippeschutzimpfungen, denn das hat man sich ja schließlich verdient. Und trotz regelmäßiger Zufriedenheitsabfragen, einem detaillierten Skillmanagementkonzept oder alljährlichen Führungsgesprächen passiert es immer wieder, dass auch der Einzelne, gerade in diesen wohlhabenden Zeiten, seine direkte Arbeitsumgebung nicht mehr kritisch genug bewertet. Solange man hofft, dass es noch etwas mehr materiell zu verteilen gibt, fordern die Mitarbeiter und auch ihre Vertreter lieber immer weitere quantitative Zugeständnisse ein. Diese haben auch den großen Vorteil, dass sie messbar und vergleichbar sind und damit der Verhandlungserfolg der Arbeitnehmervertreter vermarktbar bleibt. Wesentlich weniger Nachdruck entwickelt man in Tarifrunden bei der Verbesserung der qualitativen Zufriedenheitsfaktoren für die Beschäftigten und fordert beispielsweise im Detail selbst zu organisierende Verantwortungsbereiche mit deutlich größeren individuellen Entscheidungsfreiheiten der Teammitglieder. Die daraus resultierenden Erfolgserlebnisse, die die Beteiligten als wirkliche eigene Leistung empfinden, werden als schlecht messbar und verhandlungsfähig eingestuft. Dabei ist allen bekannt, dass zusätzliche materielle Vergünstigungen, wenn sie über ein bereits komfortables Maß hinausgehen, keine wirklich anhaltende Begeisterung für die Arbeit entfachen können. Im Gegenteil, sie lähmen eher die Aufmerksamkeit aller Beteiligten. Man versäumte, nicht nur auf technischem Gebiet rechtzeitig genug neue tragfähige Produkte für die Zukunft zu entwickeln, Gleiches passierte wohl auch bei der Mitarbeiterorientierung und der konsequenten Entwicklung und Pflege der inhaltlich motivierenden Faktoren.

Das ist die wichtigste Aufgabe einer Führungskraft. Auch F beschreibt immer wieder, wie sehr die direkten Führungskräfte für die Motivation und den Leistungswillen der Mitarbeiter verantwortlich sind, und kritisiert vehement das noch sehr stark ausgeprägte Statusdenken im Unternehmen. Viele Vorgesetzte sind bereits von Beginn an dieser neuen Herausforderung definitiv nicht gewachsen und ziehen sich auf einen rein autoritären Führungsstil zurück. Sie lenken ihre Abteilung oder ihren Bereich mit Misstrauen und übersteigerten Kontrollen, weil sie sich sonst angreifbar fühlen. Sie sind kritik- und kompromissunfähig und würden auch nie auf die Idee kommen, den Mitarbeitern mehr Entscheidungsfreiheit und Verantwortung zu übertragen, um dadurch deren Zufriedenheit zu steigern. Sie können sich gar nicht vorstellen, dadurch noch erfolgreicher zu sein.

Für F ist neben all den menschlichen, negativen Eigenschaften derartiger Vorgesetzter eine Verhaltensweise ganz besonders fragwürdig: Sie stehen nicht zu ihrer Mannschaft! In guten Zeiten übernehmen sie immer sehr schnell und gerne die Gesamtverantwortung für den Erfolg, sehen sich aber in Krisen niemals als Teil eines Problems. Egal, ob es sich um schmerzhafte Auftragsverluste und eine unzureichende Planerfüllung, um unzufriedene Kunden durch miserablen Service oder fehlerhafte Produkte handelt, immer waren es ausschließlich die Mitarbeiter, die mal wieder nicht richtig funktionierten. Das bekannte „Lessons-Learned"-Spiel. Dieses Verhalten, sich aufgrund der eigenen hierarchischen Position nicht persönlich eingebunden zu sehen, blockiert das wichtigste motivierende Element, das komplexe Dienstleistungs- und Lösungsanbieter unbedingt zum Überleben benötigen: die gemeinsame, teamorientierte Arbeit an einer klar benannten Zielvorgabe. Entweder sind alle Beteiligten erfolgreich oder möglicherweise gilt es, wenn es nicht ganz so optimal gelaufen ist, gemeinsam - Führungskraft und Mitarbeiter - daraus zu lernen, um die nächste Situation besser zu meistern.

In Fs Erzählung scheint es immer wieder kleine und auch größere hoffnungsvolle Lichtungen in dem sonst undurchdringlichen Konzerndschungel gegeben zu haben, auf denen dieser neue, kooperative Führungsstil bereits gelebt wurde. Der beste Beweis für die Überlegenheit dieser Inseln sind die gemeinsam erzielten außerordentlichen Erfolge. Warum setzte sich dann dieses Erfolgskonzept aber nicht automatisch durch? Wenn etwas besser ist, wird es doch sicher siegen? Leider nein. Denn da gibt es noch den Menschen mit seiner Unberechenbarkeit und seinen individuell ausgeprägten, guten und weniger guten Eigenschaften.

Dazu ein kleine Episode, die sich vor wenigen Jahren genau so in einer großen Serviceorganisation zugetragen hat: Mittagspause, die Kollegen eines Inbetriebsetzungsteams für eine neue Großanlage suchen sich auf ihrer Baustelle auf Kabeltrommeln und unbequemen Werkzeugkisten einen Platz. Ein junger Kollege, der den ersten Tag hier zusätzlich eingeteilt ist, kann das nicht verstehen. Direkt neben ihnen befindet sich ein gut ausgestatteter Pausenraum, in dem zwei weitere Kollegen ihres eigenen Unternehmens, allerdings aus der Wartungsabteilung, bereits an dem großen langen Tisch sitzen. Genug Platz für alle. Er nimmt also seine Zeitung, Brotbox und Thermoskanne und betritt wie selbstverständlich den Raum, um dort Pause zu machen. Noch bevor er aber überhaupt eine Stuhllehne berühren kann, wird er von den beiden Kollegen verärgert angeschnauzt. Hier dürfte nur Wartungspersonal Pause machen. Für einfache Montagearbeiter sei draußen, mitten in der Baustelle oder sonst wo, genau der richtige Platz. Was ihm denn überhaupt einfiele, sich auf ihre Stufe zu stellen?

Glauben Sie, das Beispiel sei übertrieben und schon lange nicht mehr zeitgemäß? Zugegeben, auch F beschreibt, dass es zumindest besser geworden ist. Unterschiede sind ja auch dann vollkommen normal, wen die persönliche Arbeitsleistung, eine längere und bessere Ausbildung oder die langjährige Treue zum Unternehmen zu einer Verbesserung geführt haben und prinzipiell auch jeder diese Chance erhält. Das reflexartige Bedürfnis der Menschen, grundlos etwas Besseres darstellen zu müssen und sich von den anderen Kollegen oder Kolleginnen abzuheben, können Sie aber mit ein wenig Gespür trotzdem noch überall im heutigen Berufsalltag finden. Leider fallen derartige menschliche Schwächen bei dem Führungspersonal und seiner damit verbundenen Vorbildrolle besonders auf und wirken doppelt und dreifach negativ. Da kann sich dann schon mal jemand einen ganzen Nachmittag ausschließlich damit beschäftigen, endlich einen eigenen standesgemäßen Tiefgaragenplatz zu erhalten. Oder es wird mit größter Verbissenheit über Wochen hinweg nur daran gearbeitet, das Büro des Vorgängers zu besetzen, ihn ganz abzuservieren und schnellstmöglich die Sekretärin zu übernehmen. Oder, nehmen wir das Beispiel mit der „Wiese". Vielleicht ist da jemand in der Provinz einfach zu erfolgreich, zu mächtig geworden. Agiert zu modern und wird unbequem. Dann beseitigt man doch logischerweise diese Gefahr.

Das sind Verhaltensweisen und Befindlichkeiten, die sehr
skurrile und archaische Ausprägungen annehmen können
und die bestimmt nicht nur F immer wieder an die Tierwelt
erinnern. Denken Sie an unseren Vorstand mit der „Platz-
Nummer-eins"-Marotte oder den von F zu Beginn beschriebenen Disput in Hamburg. Manch großer Unternehmenslenker
oder Unternehmensberater sieht anscheinend in den Mitarbeitern nur einen rein rechnerischen Faktor, denn die so genannten Kopfzahlen bieten immer die verlockende Chance,
den finanziellen Erfolg des Unternehmens kurzfristig durch
kräftigen Abbau deutlich zu steigen.

Sicherlich sollte bereits in den wirtschaftlich guten Unter-
nehmensjahren ein cleverer Kaufmann rein spielerisch durch-
rechnen, wie mit einer umfassenden Personalanpassung das
Firmenergebnis geradezu explodieren könnte. Der Vorschlag
wurde, zum Glück für die Mitarbeiter, wohl nur deshalb ver-
worfen, weil man noch an eine sichere Zukunft glaubte. Als F
und viele andere mit ihm, vorher und auch noch nachher, „ab-
gebaut" werden mussten, geschah das nur noch aus purer Not
und brachte immerhin einen Aufschub, aber keine wirkliche
Rettung für das Unternehmen. Und die von F beschriebenen
Mängel wurden durch derartige Krisenmaßnahmen erst recht
nicht verbessert.

Natürlich weiß jeder, gerade in guten Zeiten sollte man in
neue Produkte und die drei Erfolgsfaktoren Kunden-, Prozess-
und Mitarbeiterorientierung konsequent investieren. Nicht
nur, um kontinuierlich das wirtschaftliche Ergebnis zu optimieren, auch, um auf den sicher kommenden Wechsel früh-

zeitig vorbereitet zu sein. Trotzdem reagieren die Unternehmen oftmals nur auf das Notwendigste. Fast wie ein Mensch, dem es bereits sehr gut geht. Auch er wird weniger Elan in die weitere Verbesserung seiner Lebensbedingungen investieren als derjenige, für den es um das nackte Überleben geht.

Später, wenn sich die Ergebnisse, was jeder im Unternehmen aber eigentlich genau vorhersehen konnte, Jahr für Jahr verschlechtert haben, wenn alle kaufmännischen Tricks, Dinge neu zu bewerten oder Kredite auf die Zukunft aufzunehmen, ausgereizt sind, wenn auf einmal die brisante Lage nicht länger zu leugnen ist und die Geschäfte nicht mehr laufen, dann setzt plötzlich stärkste operative Hektik ein.

Vorher wird das Problem oftmals einzig und allein nur deshalb nicht angefasst, weil man weiß, dass in der eigenen kurzen Verantwortungszeit von wenigen Jahren der krasse Abschwung noch nicht eintreten wird. Das verführt natürlich dazu, die Themen auszusitzen und sich nicht unnötig Arbeit und Ärger einzuhandeln. Das ist es auch, was F in all den Jahren klar wurde. Die Kontinuität des Handelns, die Verlässlichkeit der Entscheidungen, der Konsens gleicher Werte und die emotionale Überzeugung, dass da ein tiefer, fast familiärer Zusammenhalt im Unternehmen existiert, das alles sind glückliche, aber heute leider immer kürzere Abschnitte in der typischen Unternehmensrealität.

WAS WIRKLICH WICHTIG IST

Aus Sicht der Unternehmen sollte man sagen:

Unsere Mitarbeiterorientierung baut zuerst, um Unzufriedenheit zu vermeiden, auf materielle Entlohnung und deren Absicherung auf. Wirkliche Zufriedenheit der Mitarbeiter erzeugen wir aber nur durch eine allgemeine Vertrauenskultur und durch die Stärkung der persönlichen Eigenverantwortung.

Der hohe Anspruch an unsere Führungskräfte besteht darin, eine überzeugende Vorbildfunktion einzunehmen und gut und gerecht mit Menschen umgehen zu können.

Die Mitarbeiter sind unser wertvollstes Gut.

Und was sagt F dazu?

Erwarten Sie für jahrelanges Stillhalten keine Dankbarkeit.

Helfen Sie Ihrem Unternehmen, denken Sie immer auch an sich selbst. Machen Sie die Mitarbeiterzufriedenheit zur Ihrer eigenen „Chefsache".

Degradieren Sie sich nicht selbst zum Befehlsempfänger. Nutzen Sie jede Gelegenheit, verantwortungsvoll eigene Entscheidungen zu treffen.

ERFOLG ODER MORAL?

Jeder Versuch die von F geschilderten Erlebnisse zu analysieren und daraus Verbesserungsvorschläge abzuleiten, führt
uns zu einer Wertediskussion und vielen Fragen.

Wozu eigentlich das ganze Gerede über mehr Kundenorientierung? Ist es nicht eher so, dass die von F geschilderte Welt
einer fehlenden Kundenzufriedenheit für uns alle sehr real,
täglich erlebbar ist? Werden nicht nachweislich heute gerade
diejenigen Unternehmen größer und größer, die ihren Außen-
dienst äußerst erfolgreich durch geschickte Provisionssyste-
me lenken, die nur ein einziges Ziel haben: dem Kunden zu
schaden? Schlechte oder bewusst falsche Kundenberatung,
der fest eingeplante Rückzug auf das unverständlich formulierte Kleingedruckte, ist doch das eigentliche Erfolgskonzept
ganzer Branchen! Ihre meist nur freischaffenden Außen-
dienst„räuber" oder Call-Center-„Sklaven" werden doch genau
darauf geschult. Entweder schaffen sie es, jeden Morgen die
eigenen Gewissenskonflikte erneut auszublenden, oder sie
werden in kürzester Zeit persönlich ausgebrannt, menschlich
verbittert und dazu auch noch ohne Job dastehen.

Und überhaupt, das ganze Gerede über Compliance und angeblich nur noch saubere Geschäfte. Ist das nicht eine geradezu verlogene Diskussion angesichts der heutigen Unternehmensrealität? Was sind denn das für Spiele, wenn einzelne
Frauen oder Männer mit Milliarden pokern, um ein noch grö-
ßeres Imperium beherrschen zu können, und dabei bewusst in

Kauf nehmen, dass in den betroffenen Firmen dafür Tausende Menschen arbeitslos werden?

Der Gewissenskonflikt, in dem sich einige von diesen Unternehmenslenkern ja durchaus befinden können, ist der nicht oft bereits durch die persönliche Verstrickung im Voraus klar entschieden? Sucht man keine Alternative, weil man weiß, dass man keine hat? Können derartige Vorgänge überhaupt als Unrecht gebrandmarkt werden? Wer fordert denn öffentlich immer noch Rückgrat und Anstand, wo doch offensichtlich immer mehr Menschen bereits beides nicht mehr haben?

F beschreibt, wie die modernen Überwachungsmöglichkeiten und unrealistischen Zielsetzungen in den Unternehmen eine optimale Druckkulisse unterstützen, die bis zum letzten Mitarbeiter reicht. Trotz aller Betriebs- oder Personalratsbeteiligung kann heute alles und jeder im Detail überwacht werden. Ist das vielleicht der einzige Grund, warum Compliance-Verstöße an der Basis anscheinend abgenommen haben?

Von welcher Wirklichkeit träumt eigentlich Herr F noch? Gemessen an dem, was das heutige Spektrum der Unternehmenslandschaft bietet, ist seine Story wohl bestenfalls rührend und harmlos, fast ein wenig naiv. Ansichten eines Träumers eben, der nicht wahrhaben will oder einfach nicht begreifen kann, dass im globalen Business die Uhren grundsätzlich anders gehen und seine Sentimentalitäten in die Geschichtsbücher gehören. Wofür will uns F denn begeistern?

Dass ein Unternehmen nur durch zufriedene Kunden sein erstes Unternehmensziel, die Gewinnmaximierung, erreichen kann? Wie hoch motivierte Mitarbeiter, die selbstverantwortlich und gleichzeitig teamfähig agieren können und von exzellenten Führungskräften gecoacht werden, den größten unternehmensinternen Erfolgsfaktor bilden und nur so das Erreichen der Unternehmensziele und die Entwicklung bester Produkte garantieren? Dass dazu nur noch die Organisation derart strukturiert sein muss, dass sie sich an den internen Prozessen ausrichtet und nicht an traditionellen Funktionen? Das sind doch altbekannte Wahrheiten, die man in jeder wirtschaftswissenschaftlichen Erstsemestervorlesung hören kann.

Und da beginnt das eigentliche Problem. Die theoretische Beschreibung, die aus heutiger Sicht „Best-Practice"-Aufstellung einer Unternehmensführung und Unternehmenskultur, liegt überall vor. Wie viele Unternehmen kennen Sie aber, die über die beschriebenen drei klassischen Bereiche der Kunden-, Mitarbeiter- und Prozessorientierung hinaus ebenso unter ethischen und moralischen Aspekten ihre Erfolgsorientierung definieren und leben? Deren öffentliche Vertreter auch menschlich überzeugen? Es werden leider nur sehr wenige sein!

Ein global agierender Konzern ist natürlich zwingend darauf angewiesen, das Verständnis für kulturelle Unterschiede zu schulen, und fordert von seinen Mitarbeitern täglich mehr Toleranz und Weltoffenheit gegenüber anderen ein, als der Durchschnittsbürger unseres Landes wahrscheinlich in seinem ganzen Leben erbringen wird. Dieses Unternehmen ist aber deshalb kein gesellschaftliches Musterland und wird weiterhin, wirtschaftlich konsequent, die Produktion in neue Märkte verlagern und Standorte schließen, wenn dort mehr Ertrag sprudelt. Es wird, wenn nicht gerade ein Embargo und ein möglicherweise größerer Imageschaden dagegen sprechen, seine Industrieanlagen, mit maximalem Gewinn, auch noch in das letzte despotische Land unserer Welt exportieren und argumentieren, dass es dadurch der Bevölkerung vor Ort demnächst besser gehen könnte. Und genau dieses Unternehmen besteht immer nur aus Menschen, die für ihr Verhalten, ihre Entscheidungen persönliche Verantwortung übernehmen wollen oder auch nicht. Wenn aber überall das Leben nur noch dem Eigennutz dient und mangelnde Solidarität der Menschen unsere gesellschaftliche Realität kennzeichnet, kann das firmeninterne Miteinander auch nur ein verkleinertes Spiegelbild dieses Zustands sein. Die Antwort lautet also: Die Stimmungslage in vielen Unternehmen ist leider so schlecht, weil die Einstellung und Werte der Menschen so sind.

Im besten Fall erscheint die Realität im Unternehmen vielleicht etwas geschönt, da die globale Aufstellung des Konzerns keine dumpfen rassistischen Ressentiments erlaubt und weil sich durch ein deutlich besser entwickeltes Scanning der Personalabteilungen, bei der konsequenten Auswahl der Mitarbeiter doch erste Erfolge zeigen.

Oder, das ist die große Hoffnung, weil Führungskräfte gemeinsam mit den Mitarbeitern in ihren Unternehmen nach neuen, kooperativen Regeln leben und fest davon überzeugt sind, dass es eine bessere Arbeitswelt geben kann.

WAS WIRKLICH WICHTIG IST

Aus Sicht der Unternehmen sollte die folgende Maxime gelten:

Wir werden nicht länger den materiellen Erfolg über das Commitment zu verantwortungsvollem, unternehmerischem, aber immer auch menschlichem Handeln stellen.

Und was sagt F dazu?

Nichts!

F hätte an dieser Stelle einfach nur die weitsichtigen Worte eines bekannten Unternehmensgründers zitiert: „Für augenblicklichen Gewinn verkaufe ich die Zukunft nicht."

Einstellungsstopp

Nehmen wir also rückblickend an, dass Sie zur eingangs genannten ersten Gruppe der glücklich Unglücklichen gehören. Sie haben Arbeit und fragen sich, warum Sie tagtäglich derartig unbefriedigende Verhältnisse im Unternehmen erdulden müssen. Und Sie haben sich auch schon oft gefragt, warum Ihre Arbeit zum notwendigen Übel verkommen ist. Sie funktionieren zwar, doch eigentlich hoffen Sie nur noch auf ein entspanntes Leben, irgendwann später, denn die Hoffnung auf eine bessere Zukunft haben Sie noch nicht verloren.

Wenn Sie also noch an Ihren persönlichen Einfluss glauben, von einem Arbeitsumfeld träumen, das ganz anders ist, dann sollten Sie die ganze Wut in Mut wandeln und sofort damit beginnen, Ihre persönliche Einstellung und damit Ihre derzeitige Arbeitswelt täglich ein wenig zu verbessern. Und das ist die zweite große Hoffnung und ganz einfach, denn Sie müssen, um etwas verändern zu können, nicht erst Unternehmenschef sein.

Benennen Sie endlich die Missstände, die Sie täglich erdulden.

Zeigen Sie konstruktiv Alternativen auf und übernehmen Sie freiwillig Verantwortung dafür.

Kämpfen Sie gegen die vielen offenen und versteckten Ungerechtigkeiten.

Fordern Sie verständliche Erklärung und persönliche Beteiligung von Ihren Vorgesetzten ein.

Begeistern Sie sich und andere für den gemeinsam erreichten Erfolg.

Aktivieren Sie wieder Ihren jugendlichen Elan und Ihre Lebensfreude.

Nutzen Sie Ihre langjährige Erfahrung, um mit ungeahnter Power und neuem Spirit das Unternehmen, Ihr Unternehmen, nach vorne zu bringen.

Und die wirklich gute Nachricht dabei: Das Wichtigste ist am einfachsten. Schauen Sie offen und freundlich in das Gesicht Ihrer Kolleginnen, Kollegen oder Ihrer Vorgesetzen. Und falls Sie dann wieder einmal einen Menschen vor sich sehen, der nur noch mit dem „Blick der inneren Kündigung" oder dem „Das ist nicht mein Job-Ausdruck" unmotiviert und desillusioniert herumläuft, der Ihnen sagt, „dass das ja schon viele vor Ihnen versucht haben und damit doch nur hoffnungslos gescheitert sind", oder der glaubt, sagen zu dürfen, „Was fällt Ihnen denn eigentlich ein?", dann erklären Sie sofort für sich selbst für derartige Gefühle, für diese negative mentale Einstellung, einen absoluten Einstellungsstopp!

Und dann blicken Sie anschließend einfach mal in den Spiegel.

Lacht Sie da nicht jemand souverän an? Jemand, der nicht länger akzeptiert, dass Arbeitszeit keine eigene Lebenszeit ist? Ich baue auf Sie!

Und falls das alles doch nichts hilft? Dann machen Sie es bei passender Gelegenheit einfach so wie F. Vertrauen Sie nur noch auf sich und befreien Sie sich schnellstmöglich selbst.

Das wird gut für Sie ausgehen!

Der Autor

ANDREAS FRIEDRICH, geboren 1958 in
Hameln, ist verheiratet und Vater
zweier Kinder. Nach Druckerlehre
und spannendem, aber brotlosem
Magisterstudium der Germanistik,
Ur- und Frühgeschichte und Ethno-
logie folgt nach einigen Jahren die
Ausbildung zum Systemtechnologen
Marketing und Vertrieb. In vielen
praxisharten Jahren in verschie-
denen Industrieunternehmen gelingt ihm der Aufstieg bis in
den obersten Führungskreis eines großen internationalen
Konzerns. Derzeit ist er freiwillig in einer Transfergesell-
schaft zur beruflichen Neuorientierung.

Weitere Informationen unter www.aplusfriedrich.de

Managementwissen: kompetent, kritisch, kreativ
↗

Lebendigkeit im Unternehmen freisetzen und nutzen

Lebendigkeit ist der fundamentalste Wettbewerbsvorteil eines Unternehmens. Denn durch einen hohen Grad an Lebendigkeit entsteht alles andere: Spitzenleistung, Innovationskraft, Veränderungsbereitschaft, Dynamik und Tempo. Dieses Buch zeigt, wie diese hohe Lebendigkeit in Unternehmen erreicht werden kann.

Matthias zur Bonsen
Leading with Life
Lebendigkeit im Unternehmen
freisetzen und nutzen
2009. 273 S.
Geb. EUR 39,90
ISBN 978-3-8349-1353-1

Anleitung zu mehr Mut, Entschlossenheit, Erfolg

Mut ist die fundamentale Antriebskraft, damit wir im Leben das erreichen, was wir wirklich wollen. Um mutig und erfolgreich handeln zu können, benötigen wir Metaphern einer mutigen Selbsterzählung. Denn in jedem Augenblick unseres Lebens handeln wir nach Geschichten, die wir uns selbst erzählen – so der Managementberater und Coach Kai Hoffmann. Mithilfe der Metapher des Boxens wirft der Autor einen überraschenden Blick auf unser Verhalten im Alltag. Eindringliche Praxisfälle belegen seine einzigartige und bewährte Coachingmethode, die auf neuesten Erkenntnissen der Gehirnforschung basiert. Um seine Selbstführung im täglichen Leben wirksam durchzuboxen, muss der Leser nicht in den Ring steigen.

Kai Hoffmann
Dein Mutmacher bist du selbst
Faustregeln zur Selbstführung
2009. 204 S.
Geb. EUR 29,90
ISBN 978-3-8349-1664-8

Besser führen mit Humor

Mit Humor erträgt sich vieles leichter. Wie man mit Humor besser führt, zeigt Gerhard Schwarz in dieser spannenden und aufschlussreichen Lektüre. Ein echtes Lesevergnügen. Der Autor unterscheidet folgende Formen des Komischen: Ironie, Schadenfreude, Satire, Sarkasmus, Zynismus und Humor. Jetzt in der 2., überarbeiteten Auflage. Neu sind nützliche Ergänzungen zur Rolle des Humors bei der Konsensfindung in Gruppen und Organisationen sowie zur reinigenden Funktion des Humors in stark emotional aufgeladenen Situationen.

Gerhard Schwarz
Führen mit Humor
Ein gruppendynamisches
Erfolgskonzept
2., überarb, Aufl. 2008. 220 S.
Geb. EUR 29,90
ISBN 978-3-8349-0815-5

Änderungen vorbehalten. Stand: Juli 2009.
Erhältlich im Buchhandel oder beim Verlag
Gabler Verlag . Abraham-Lincoln-Str. 46 . 65189 Wiesbaden . www.gabler.de

GABLER

GPSR Compliance

The European Union's (EU) General Product Safety Regulation (GPSR) is a set of rules that requires consumer products to be safe and our obligations to ensure this.

If you have any concerns about our products, you can contact us on ProductSafety@springernature.com

In case Publisher is established outside the EU, the EU authorized representative is:

Springer Nature Customer Service Center GmbH
Europaplatz 3
69115 Heidelberg, Germany

The manufacturer's authorised representative in the EU is Springer
Nature Customer Service Centre GmbH, Europaplatz 3, 69115 Heidelberg,
Germany. If you have any concerns regarding our products, please
contact ProductSafety@springernature.com

Printed and bound by CPI Group (UK) Ltd, Croydon, CR0 4YY
24/04/2026
02096312-0011